Antonio Mira de Amescua

El esclavo del demonio

Barcelona **2024**
Linkgua-ediciones.com

Créditos

Título original: El esclavo del demonio.

© 2024, Red ediciones S.L.

e-mail: info@linkgua.com

Diseño de cubierta: Michel Mallard.

ISBN tapa dura: 978-84-1126-285-9.
ISBN rústica: 978-84-9816-083-3.
ISBN ebook: 978-84-9897-224-5.

Sumario

Brevísima presentación

La vida

Antonio Mira de Amescua (Guadix, Granada, c. 1574-1644). España.
De familia noble, estudió teología en Guadix y Granada, mezclando su sacer-
docio con su dedicación a la literatura. Estuvo en Nápoles al servicio del
conde de Lemos y luego vivió en Madrid, donde participó en justas poéticas
y fiestas cortesanas.

La leyenda

El esclavo del demonio es una de las más célebres obras de Mira de Amescua,
y tal vez la mejor comedia religiosa de la España del siglo de oro. Inspirada
en la leyenda faústica de un monje portugués, frey Gil de Santarem (llamado
también Egidio), relata que éste, harto de la vida ascética, se entregó a una
frenética existencia licenciosa y, para dominar los secretos de la nigromancia,
hizo un pacto con el Diablo, vendiéndole su alma.
Esta trama, recurrente en el teatro de la época, fue usada por Pedro Calderón
de la Barca en *El mágico prodigioso* y por Alarcón en *Quien mal anda mal
acaba*.

Personajes

Marcelo de Noroña, viejo
Don Diego de Meneses
Domingo, lacayo
Don Gil Núñez de Atoguía
Don Sancho
Fabio, criado de don Sancho
Florino
Angelio, demonio
Constancio, labrador viejo
Don Sancho, príncipe de Portugal
Don Rodrigo
Arsino, labrador
Riselo
Lisarda, hija de Marcelo
Leonor, hija de Marcelo
Beatriz, criada de Lisarda
Lísida, pastora
Un Escudero
Dos esclavos
Un Músico
Un Ángel

Jornada primera

(Salen Marcelo, viejo, y Lisarda y Leonor, hijas suyas.)

Marcelo   Padre soy, hago mi oficio;
tomad consejo esta vez,
y sed por tal beneficio,
báculos de esta vejez,
columnas de este edificio.
    Si las acciones humanas
con igual amor de hermanas
dirigís a la virtud,
a la fuerte juventud
no envidiarán estas canas.
    Un año fue el curso mío,
mayo la niñez inquieta,
la juventud fue el estío,
otoño la edad perfeta,
la vejez invierno frío.
    Mi cuerpo apenas se mueve,
que la edad mayor es breve,
como el hombre no es eterno,
y por estar en mi invierno
me cubre el tiempo de nieve.
    Sirviendo a mi rey gasté
la flor de mi edad dorada
que en sus límites se ve,
y así he dejado aumentada
la nobleza que heredé.
    Ésta quiero conservar
y así te pretendo dar,
Lisarda, el estado que amas;
pues que las dos sois las ramas
en que el fruto he de mostrar.

Cásate, estado recibe;
hágame Dios tal merced
antes que el tiempo derribe
aquesta baja pared,
que agora temblando vive.
    Don Sancho de Portugal,
que de la sangre real
gotas en sus venas tiene,
a ser tu marido viene
mañana.

Lisarda (Aparte.)   (¡Yo estoy mortal!)

Marcelo   Tú, Leonor, que el pensamiento
a Dios eterno ofreciste,
de que yo vivo contento,
ya que el estado elegiste,
sabe elegir el convento.
    Tus intentos son divinos,
que en esta vida en que estamos
todos somos peregrinos
del cielo, aunque caminamos
por diferentes caminos.
    Cada estado ya se sabe
que es camino, cuál es grave,
cuál es fácil; la casada
lleva su cruz más pesada
y la monja menos grave.
    Al Cordero, que inocencia,
siguen con gran reverencia
diferentes monarquías,
y quiero que con las mías
gocen de esta diferencia.
    Brazos míos sois las dos,

estados son en que fundo
poder abrazaros Dios;
con el uno a vos y al mundo,
con el otro solo a vos.
    Una monja, otra casada,
quedará mi casa honrada,
y yo con ánimo fuerte
en el umbral de la muerte
lloraré mi edad pasada.

Lisarda (Aparte.)   (Mi lengua perpetuamente
se atreve a decir de no;
rabio Amor, muero impaciente.)

Leonor   Tu esclava he de ser.

Lisarda   Y yo
una hija inobediente.
    La venganza y la afición
efecto de ánimo son
que suelen torcer el curso
a la costumbre, el discurso
al honor y a la razón.
    Son estas pasiones
que unos tiranos se hacen
de nuestras inclinaciones,
y de no vencerlas nacen
extrañas resoluciones.
    De las dos vencida fui;
que a don Sancho aborrecí,
y a don Diego de Meneses
tu enemigo, ha cuatro meses
que mi voluntad rendí.
    Ésta es fuerte inclinación

y no la puedo vencer,
hace en el alma impresión,
no discierno, soy mujer,
y tomo resolución.
    Si con él me has de casar
yo obedezco.

Marcelo (Aparte.)   (¡Que escuchar
pueda un padre tal rigor!
Ciega la tiene el amor
y quiérome reportar.)

Lisarda   Mudar, Leonor, no pretendo
mi propósito ofendido.

Marcelo   Angel, mira que me ofendo.

Lisarda   Angel soy, y así no olvido
lo que una vez aprehendo.

Marcelo   Tu aprehensión te condena.

Lisarda   Fuerza de estrellas me inclina.

Marcelo   No se fuerza lo que es buena.

Lisarda   A quien amor determina
ninguna razón refrena.

Marcelo   ¿A un traidor, a un homicida
que priva de dulce vida
a un hijo que yo engendré
tienes amor, tienes fe?
¿No es tu sangre la vertida?

               ¿Qué fiera, qué irracional,
          qué bárbaro hiciera tal?
          Hoy parece mujer mala
          que quiere más y regala
          aquél que la trata mal.
               Plega a Dios, inobediente,
          que casada no te veas,
          que vivas infamemente,
          que mueres pobre y que seas
          aborrecible a la gente.
               Plega a Dios que destruida
          como una mujer perdida,
          te llamen fascinerosa,
          y en el mundo no haya cosa
          tan mala como tu vida.

Leonor   Templa tu enojo, señor,
          que espantan tus maldiciones.

Marcelo   Descubro en esto el valor.

Lisarda   Y yo las inclinaciones.

Marcelo   ¿De quién, falsa?

Lisarda   De mi amor.

(Vase Lisarda.)

Marcelo   Quien ve tanta desvergüenza
          también verá mi deshonra,
          porque en la mujer comienza
          a morir crédito y honra
          cuando pierde la vergüenza.

Hija que al padre desprecia,
viva y muera con infamia,
siga como loca y necia
a la antigua Flora y Lamia,
no a Penélope y Lucrecia.

Leonor   Señor, mal dije «señor»,
que en este nombre hay rigor
por la sucesión del hombre,
padre digo, porque es nombre
de más dulzura y amor.
 Templa, templa tus enojos,
que con esas maldiciones
podrán mirarlas tus ojos
divertidas las acciones
entre sus vanos antojos.
 Muéstrale el semblante amigo,
porque si está porfiando
una mujer, yo te digo
que es mejor consejo blando
que colérico castigo.
 Yo la rogaré y en tanto
habla tú a don Gil, el santo
que Coímbra reverencia
por su ayuno y penitencia,
oración y tierno llanto,
 para que a don Diego pida
se contente del rigor
con que fue nuestro homicida,
sin pretender el honor
que es de los nobles la vida.

Marcelo   Eres el cielo que ordenas
las cosas con igualdad

eres arco que serenas
mi rostro en la tempestad
de mis lágrimas y penas.
    Mi cólera es bien detenga
y que por ti a pensar venga,
que en este mundo pesado
no hay hombre tan desdichado
que algún consuelo no tenga.
    Plega a Dios que desigual
tu vida a tu hermana sea,
y este viejo ya mortal
tan venturoso te vea
que reines en Portugal.

(Vanse. Sale don Diego de Meneses.)

Diego   Amor, si tus pasos sigo
no sé qué camino elija,
pues vengo a adorar la hija
de un hombre que es mi enemigo;
temo, resisto y prosigo.
Teme en balde la prudencia,
y resisto con violencia,
mas es cual rayo el amor
que hiere con más rigor
donde halla resistencia.
    Pasa Leandro el estrecho,
Hero en él se precipita;
Tisbe la vida se quita,
Píramo se rompe el pecho.
¿Quién lo hizo? Amor lo ha hecho,
porque vence si porfía
y la condición más fría
en amor se trueca y arde

y en el ánimo cobarde
suele engendrar osadía.
    Osar tengo, y no temer
que a Lisarda he de gozar
pues bien me quiere.

(Entre Domingo, lacayo, con un billete.)

Domingo   Al pasar,
éste me dio una mujer.

Diego   Aun hay Sol, podré leer.
«Don Diego, el alma se abrasa
por ti, y mi padre me casa;
mas si amor te da osadía,
ven esta noche a la mía,
me llevarás a tu casa.»
    Cielos, dadme el parabién,
pues que mi ventura es tal
que apenas supe mi mal
cuando encontré con mi bien.
Fortuna, no des vaivén
ya que al mismo Sol me igualas.
Trae, Domingo, unas escalas
aunque superfluos serán
donde favores me dan
que pueden servirme de alas.

Domingo   Don Gil te viene buscando.

Diego   Azar es esta ocasión
hallar un santo varón
que se está martirizando
al que mal está pensando,

y al que con su carne lucha.
Amistad me tiene mucha;
uno es flaco y otro fuerte.

(Sale don Gil de hábito largo.)

Gil   Don Diego.

Diego   ¿Qué quieres?

Gil   Verte
           y hablarte.

Diego   Dime, ¿qué?

Gil   Escucha:

           Son amigos los consejos,
           unas amargas lisonjas
           que al alma dan dulce vida
           y a las orejas ponzoña.
           Son luz de nuestras acciones,
           son unas piedras preciosas
           con que amigos, padres, viejos
           nos regalan, y nos honran.
           El darlos es discreción
           a quien los pide y los honra,
           y es también locura el darlos
           si no se estiman y toman.
           Fuerza es darlos al amigo,
           y la ocasión es forzosa
           si al cuerpo importa la vida
           y al alma importa la gloria.
           Tu amigo soy, y una escuela

nos dio letras, aunque pocas;
se te cansaren consejos
buen es la intención, perdona.
Ya tú sabes la nobleza
de los antiguos Noroñas,
señores de Mora, lustre
de la nación española.
Y ya sabes que estas casas
que celas, miras y adoras
son de esta noble familia
rica, ilustre y generosa.
Tú, que dignamente igualas
cualquier majestad y pompa,
porque es bien que los Meneses
pocos iguales conozcan,
cortaste la tierna vida
con tu mano rigurosa,
al primogénito ilustre
que padres y hermanas lloran.
Accidental fue el suceso,
no quiero culparte agora;
llegó tu espada primero,
fue tu suerte venturosa.
Cumpliste un breve destierro,
que blanda misericordia
vive en los pechos hidalgos
y fácilmente perdonan.
Los nobles son como niños,
que fácil es desenojan,
si las injurias y agravios
a la nobleza no tocan.
Agravios sobre la vida
heridas son peligrosas,
mas solo incurables son

las que caen sobre la honra.
Al fin, las heridas suyas
tienen salud, aunque poca,
que al alma incita el agravio
y al agravio la memoria.
Pues si este viejo no imita
a la africana leona,
ni a la tigre remendada
en la venganza que toma,
¿cómo tú, tigre, león,
rinoceronte, áspid, onza,
no corriges y no enfrenas
tus inclinaciones locas?
«Busca el bien, huye el mal;
que es la edad corta;
y hay muerte, y hay infierno,
hay Dios y gloria.»
Si con lascivos deseos
de Lisarda te aficionas
y en ella pones los ojos,
la pasada injuria doblas.
A un agravio habrá piedad
pero a más está dudosa,
que aun a Dios muchas ofensas
rompe el amor si se enoja.
Teme siempre el ofensor
si el agravio le perdonan,
que su justicia da voces
y el rigor de Dios invoca.
Refrena, pues, tu apetito,
porque es bestia maliciosa,
y caballo que no para
si no le enfrenan la boca.
Si aspiras a casamiento

pretendan tus ojos otra,
porque no habrá paz segura
si resulta de discordia.
De largas enemistades
viene paces, pero cortas,
porque es pasar de odio a amor
jornada dificultosa.
Quien reconcilia enemigos
madera podrida dora,
y al temple pinturas hace
que fácilmente se borran.
Busca otros medios suaves
si pretendes paz dichosa,
y sobre bases de agravio
columnas de amor no pongas.
«Busca el bien, huye el mal;
que es la edad corta,
y hay muerte, y hay infierno,
hay Dios y gloria.»

Diego   Predicador en desierto,
hora es ya que te recojas.

Gil   Quien hace mal aborrece
la luz y busca la sombra.
Como la noche ha venido
a tu gusto tenebrosa,
quieres que solo te deje;
líbrete Dios de tus obras.
Él corrija tus intentos,
Él te inspire y te disponga,
y Él no te suelte jamás
de su mano poderosa.

(Vase don Gil.)

Diego
Dichoso tú que no sabes
de pasiones amorosas,
no conoces disfavores,
desdén y celos ignoras;
y desdichado también,
pues los regalos no gozas
del Amor, que en nuestros ojos
tiende su red cautelosa.

(Sale Domingo con la escala.)

Domingo
Ya traigo escala, temiendo
no me encontrase la ronda.

Diego
Y yo, parece que veo
al balcón una persona.
¿Es mi Lisarda?

(Sale Lisarda al balcón.)

Lisarda
¿Es don Diego?

Diego
Soy, mi dueño, y mi señora,
quien idolatra ese rostro
imagen de Dios, hermosa,
quien sacrifica en tus aras
un alma ajena y fe propia.

Lisarda
Yo quien recibe la fe
y la ha pagado con otra,
quien no ha temido, quien ama,
quien es cuerda, quien es loca,

quien se atreve, quien es tuya,
quien te espera y quien te adora.
Procura subir arriba
mientras amor me transforma
en hombre, porque me lleves
sin que nadie me conozca.
En esta cuadra me espera,
que sin luz, cerrada y sola
la dejaré.

Diego   Escala traigo.

Lisarda   Ladrón que el alma me robas...

(Vase Lisarda.)

Diego   Arrímala, pues, Domingo;
                     que quiero escalar agora
                     este cielo de Lisarda.

Domingo   A mil peligros te arrojas.

Diego   Amor me da atrevimiento.

Domingo   Y a mí temor estas cosas.
                     ¿He de subir yo contigo?

Diego   La escala es bien que recojas
                     cuando suba, y en lo oscuro
                     de aquesta calle te pongas,
                     y esto ha de ser sin dormirte.
                     Mira, Domingo, que roncas
                     cuando duermes y aun a veces
                     a gritos dice tu boca

	lo que te pasa de día y a los demás alborotas.
Domingo	No era bueno para grulla, no puedo velar una hora; que tengo el sueño pesado.
Diego	Vela esta noche, que importa.

(Pónese a dormir Domingo, entre don Gil con una linterna y halla a don Diego en la escala.)

Gil	Esta noche para el cielo un alma voy conquistando; mas la casa de Marcelo está don Diego escalando. Desdichas grandes recelo. ¡Don Diego!
Diego (Aparte.)	(Temo perder la gloria de esta mujer.) ¿Qué quieres?

Gil	¿Adónde subes,
	piedra arrojada a las nubes
	que sube para caer?
	   Bajen tus altivas plantas
	movidas de torpe amor,
	Nembrot que torres levantas
	contra el cielo del honor
	de aquestas doncellas santas.
	   Baja, loco carnicero,
	ladrón de honrados tesoros,
	cobarde y mal caballero.

¿En qué alcázares de moros
estás subiendo primero?
    En un libro Dios escribe
a la virtud y al pecado
de él que en este mundo vive,
y aqueste libro acabado,
la gloria o pena recibe.
    Y siendo así, tus delitos
tienen cercanas sus penas,
porque son tan infinitas
que ya están las hojas llenas
donde Dios los tiene escritos.
    Marcelo es árbol que pudo
dar el fruto que tú amas,
y si cual bárbaro rudo
le vas quitando las ramas,
quedará el tronco desnudo.
    La vida y honra también
son columnas en que estriba
su casa. El brazo detén;
déjale vida en que viva,
y honra con que viva bien.
    Si el cuerpo joven desalmas
de su hijo, y sin deshonra
su sangre atinó tus palmas,
no le derrames la honra
que es la sangre de las almas,
    Si no hay quien quite ni pida
lo que no puede tornar,
advierte, ingrato homicida,
que no eres rey para honrar
ni Dios para dar la vida.
    Teme a Dios cuya persona
es con los hijos que trata

como parida leona,
que a quien los ofende mata
y a quien los deja perdona.
    Ave es, y tus obras malas
se oponen contra los cielos,
siendo milano que escalas
un nido donde hay polluelos
que cubre Dios con sus alas.
    Número determinado
tiene el pecar. ¿Y qué sabes,
si para ser condenado
solo te falta que acabes
de cometer un pecado?
    Ea, gallardo mancebo,
advierte a lo que te debo,
si en gracias de Dios estoy
lo que te debo te doy.

Diego   Penitencia haré de nuevo.
    No pienso escalaros, rejas.
Perdonad, Lisarda, vos.
Don Gil, trocado me dejas
porque a las voces de Dios
no ha de haber sordas orejas.
    Trae, Domingo, esas escalas,
y tú, que con santo celo
a los milanos me igualas,
eres cazador del cielo
y me has quebrado las alas.

(Desciende don Diego y vase.)

Gil   ¡Cielos, albricias, vencí!
No es pequeña mi victoria.

Un alma esta vez rendí;
mas, ¿qué es esto? Vanagloria,
¿cómo me tratáis así?
    Aquí se queda la escala
manifestando su intento,
¿oh, qué extraño pensamiento!
¡Jesús, que el alma resbala,
y mudó mi entendimiento!
    La fe de esta corazón
huyó, pues que la Ocasión
es la madre del delito,
que si crece el apetito
es muy fuerte tentación.
    Lisarda arriba le aguarda
a quien ama tiernamente.
Imaginación, detente,
porque es hermosa Lisarda.
Corazón, ¿quién te acobarda?
Loco pensamiento mío,
mirad que sois como río
que a los principios es fuente
que se pasa fácilmente
y después sufre un navío.
    Subiendo podré gozar...
¡Ay, cielos! ¿Si consentí
en el modo de pecar?
Pero no, que discurrí.
Tocando están a marchar
  mis deseos. La razón
forma un divino escuadrón.
El temor es infinito.
Toca el arma el apetito
y es el campo la ocasión.
    Huye, Gil, salta tu estado,

no escapes de vivo o muerte.
Conveniente es ser tentado;
mas si Cristo va al desierto
ya la batalla se ha dado.
    La conciencia está oprimida;
la razón va de vencida.
¡Muera, muera el pensamiento!
Mas, ¡ay alma!, cómo siento
que está en peligro tu vida!
    Mas esto no es desvarío;
yo subo. ¿Qué me detengo
si subo al regalo mío?
Mas, ¿para qué, si yo tengo
en mis manos mi albedrío?
    Nada se podrá igualar,
que es la ocasión singular
y si de ella me aprovecho,
gozaré, don Diego, el lecho
que tú quisiste gozar.
    [La ejecutada maldad
tres partes ha de tener:
pensar, consentir y obrar.
Y siendo aquesto así,
hecho tengo la mitad;]
    que es pensamiento liviano
no resistirle temprano.
Dudé y casi es consentido.
Alto, pues, yo soy vencido.
Soltóme Dios de su mano;
    que a Lisarda gozaré
sin ser conocido entiendo.

(Sube don Gil y despierte Domingo.)

Domingo   Basta que en pie estoy durmiendo
como mula de alquilé;
pero al tiempo desperté
que subió arriba don Diego;
y mientras él mata el fuego
y se arrepiente y le pesa,
soltaré al sueño la presa
y dormiré con sosiego.
    Dentro está. Yo determino
hace del suelo colchón;
que no hay cama de algodón
como un azumbre de vino.
Y no hay Roldán Paladino
que a dormir cual yo se atreva,
si el estómago no lleva
con este licor armado.
A quien despierta el cuidado
si dormir pretende, beba.

(Quita Domingo la escala y duérmese.)

Gil   Sola, cerrada y oscura
está esta cuadra. Lisarda,
que Marcelo duerma, aguarda
o está en su cama segura.
Ya me tiene su hermosura
tan determinado y loco
que parece que la toco.
¡Ay Amor, si imaginado
eres tan dulce, gozado
no será tu gusto poco!
    Mil pensamientos me inflaman,
porque pleitos y recados
andan siempre encadenados;

que unos a otros se llaman.
Estos intentos me infaman
y el crédito iré perdiendo.
¿Con el mundo irme pretendo
y conservar mi opinión?
Sabe el cielo mi intención
que ya, por Dios, no desciendo.
    ¡Mas la escala no está aquí!

(Habla entre sueños Domingo.)

Domingo   No bajes sin que la goces.

Gil   ¿Quién me anima y me da voces?
                   Temiendo estoy. ¡Ay de mí!
                   Bajar por donde subí
                   no es posible.

Domingo   ¡Espera, espera

Gil   Bajar no puedo aunque quiera.
                   ¿Si me vio alguno subir?

Domingo   ¡Justicia de Dios!

Gil   Huir,
                   no la podré.

Domingo   ¡Muera, muera!

Gil   La justicia de Dios es
                   que me viene a amenazar.

Domingo   No la dejes de gozar,

yo te ayudaré después.

Gil
   Ya me anima. ¿Cómo, pues,
si estoy hablando entre mí,
responderme puede así
a lo que yo a solas hablo?

Domingo
¿Quién ha de ser si no el diablo?

Gil
¿Si estoy condenado?

Domingo
                Sí.

Gil
   Luego, si estoy condenado,
vana fue mi penitencia,
y ha venido la sentencia.

Domingo
¡Vino, vino!

Gil
        ¿Ya ha llegado?

Domingo
Bebe y come.

Gil
        Si he ayunado
en balde, ya comeré.

Domingo
¡Brindis!

Gil
      La razón haré,
pues que la carne me brinda.

Domingo
Goza la ocasión, que es linda.

Gil
Ésta y otras gozaré.

(Vase don Gil y despierta Domingo alborotado.)

Domingo   ¿Vienes, señor? ¡Por Dios que me he dormido!
                     ¿Es hora? ¿Eres tú? Nadie parece.
                     En sueño dulce estaba sepultado.
                     Al principio soñaba una pendencia
                     que don Diego tenía, y que bajaba
                     sin gozar de Lisarda los favores;
                     mas luego que en regalo y pasatiempo
                     la boda celebrábamos alegres
                     brindándonos con vino de los cielos...
                     Mas ya se van huyendo las Cabrillas,
                     y las ruedas de Carro se han parado,
                     y el Norte ya no toca su bocina,
                     y no sale don Diego. A gran peligro
                     estoy en esta calle con la escala.
                     ¿Si está dentro? ¿Si, estando yo durmiendo,
                     se fue? Dudoso estoy. No sé qué haga.
                     Estando dentro, ¿no esperará el día?
                     O si quiere bajar por la ventana,
                     saltar puede en el suelo fácilmente;
                     que al fin para bajar no importa escala.
                     Mejor consejo es irme de esta calle,
                     y más que están abriendo ya las puertas
                     de casa de Marcelo y han salido
                     dos hombre, y don Diego no parece.
                     Mas yo me acojo; que el temor empieza
                     a subirse cual vino a la cabeza.

(Vase Domingo y salen don Gil y Lisarda en hábito de hombre.)

Lisarda   Mucho, don Diego, has callado.
                     Ya estamos solos. No estés

cubierto ni recatado.

Gil

Ten paciencia, que no es
don Diego quien te ha gozado.

Lisarda

¿Quién eres?

Gil

Quien ha subido
hasta la divina esfera;
pero cual Icaro he sido
que volé con fe de cera
y en el infierno he caído.
Un segundo Pedro fui
y tú el fuego de Pilato,
pues por llegarme hoy a ti,
como necio y como ingrato,
negué a Dios y le perdí.
Por la voz de un gallo fue
a llorar con pecho tierno.
Yo cual precepto escuché
una voz del mismo infierno
con que he perdido la fe.
Don Gil soy.

Lisarda

¡Triste de mí!
¿Y don Diego?

Gil

Él me ha traído
a que gozase de ti
para dejar ofendido
tu padre otra vez.

Lisarda

Así
se cumplen como merecen

mis esperanzas prolijas,
mi agravio y desdichas crecen;
que en esto paran las hijas
que a sus padres no obedecen.
　　¿En qué pecho habrá paciencia?

Gil

Para tan grave dolor
igual es nuestra imprudencia.
Tú perdiste mucho honor
y yo mucha penitencia.

Lisarda

　　Deja que vuelva a mi casa
antes de nacer el día:

Gil

Eso no, adelante pasa;
que era el alma nieve fría
y es un infierno y se abrasa.
　　La vida de aqueste pecho
hoy correrá más apriesa
por el gusto y el provecho,
pues se ha soltado la presa
que las virtudes han hecho.
　　Por ti perdí la prudencia
por el infierno profundo,
con la carne la abstinencia,
el crédito con el mundo,
y con Dios la penitencia.
　　Por ti he perdido el jornal
que esperaba recibir
del Señor universal,
y entro de nuevo a servir
a un amo que paga mal.
　　Ya serán mis ejercicios
pecados fascinerosos,

que así salen de sus quicios
los que fueron virtuosos
y siguen tras de los vicios.
    Conmigo, Lisarda hermosa,
has de ir; que para los dos
no negará el mundo cosa,
pues nos ha soltado Dios
de su mano poderosa.

Lisarda

    ¿Qué dices, alma? No puedes
quedar en más vituperio.
Tú, cuerpo, ¿qué no te quedes
que temas de un monasterio
las solícitas paredes.
    ¿Qué replicas, alma? Que es
es de buena conciencia.
¿Y tú, cuerpo? Que ya ves
que es temprana penitencia
pudiendo hacerla después.
    La maldición es cumplida
de mi padre. El cielo temo.
Ya lloro mi honra perdida.
Ya va llegando a su extremo
la desdicha de mi vida.
    Tres enemigos me dio
el cielo en mi mal prolijo:
don Diego que me engañó,
mi padre que me maldijo
y don Gil que me forzó.
    Mi padre en su maldición
colérico estuvo y ciego;
venció a don Gil la afición;
solo el ingrato don Diego
no tiene satisfacción.

                    Don Gil, ¿querrás ayudar
                    la venganza de mi agravio?

Gil   En pedir y perdonar
                    mueve el encendido labio
                    cual fino coral del mar.
                        La estrella que te ha inclinado
                    sigue, que yo pienso ser
                    un caballo desbocado
                    que parar no he de saber
                    en el curso del pecado.
                        Sigue el gusto y la venganza;
                    que lo que tu pecho ordene
                    emprenderá, sin mudanza,
                    esta alma que ya no tiene
                    fe, caridad ni esperanza.

Lisarda   Adiós, casa en que nací;
                    adiós, honra mal perdida;
                    adiós, padre que ofendí;
                    adiós, hermana querida;
                    adiós, Dios a quien perdí.
                        Perdida voy, y es razón
                    que tengan tal desventura
                    las que inobedientes son.

Gil   No hay alma buena, segura,
                    si no huye la Ocasión.
                        Como en Dios no he confiado
                    y en mis fuerzas estribé
                    en el peligro pasado,
                    soberbia angélica fue
                    y así Dios me ha derribado.

(Vanse don Gil y Lisarda. Salen Marcelo y Leonor.)

Marcelo   Leonor, el grave cuidado
que a un viejo padre conviene
con dos hijas sin estado,
toda esta noche me tiene
afligido y desvelado.
 Si Lisarda, cruel, porfía,
y de mi amor se desvía,
será obligación forzosa
dejar de ser religiosa.

Leonor   Tu voluntad es la mía.

(Sale Beatriz, criada.)

Beatriz   Señor.

Marcelo   Tu miedo me espanta.

Beatriz   Helada tengo y asida
al suelo la débil planta,
a un grave dolor la vida,
y la voz a la garganta...

Marcelo   Di, ¿de qué estás admirada?

Beatriz   Piensa de qué puede ser.

Marcelo   Dilo, pues, no estés turbada;
que me estás dando a beber
veneno en taza penada.

Beatriz   Lisarda, Lisarda ha escrito...

Marcelo   Anda en su mismo apetito,
                 mas tu lengua no la nombre;
                 que en solo decir su nombre
                 me has dicho ya su delito.
                     Mas dime, ¿a quién escribió?

Beatriz   A don Diego de Meneses.

Marcelo   ¿Qué le ha escrito?

Beatriz   Le llamó.

Marcelo   ¡Calla!

Beatriz   Y sé...

Marcelo   Mas, ¡ay, no cesas!
                 Di, ¿qué sabes?

Beatriz   La llevó.

Marcelo   Dijéralo de una vez
                 [este hecho de hombre soez]
                 porque a tragos he bebido
                 la purga que me has traído
                 para mi enferma vejez.
                     Si Dios quiere que me ofenda
                 mi enemigo declarado,
                 que soy otro Job entienda.
                 Vida y honra me ha llevado;
                 vuelva también por la hacienda.
                     Cigüeña soy, blanda y pía;
                 él es culebra, es arpía

que quebrantándome el nido,
dos hijuelos me ha traído
de los tres que en él tenía.
   Hija, ¿qué enemigos vientos
hacen que tu honra se doble
a tan infames intentos?
¿Posible es que en sangre noble
quepan bajos pensamientos?
   Pero el vil y el mal honrado
caen en un mismo pecado;
que la humana afrenta es ancha
y están a una misma mancha
sustos jerga y brocado.

Leonor   No mojes tus canas tanto;
que son perlas orientales
tus lágrimas.

Marcelo   Yo me espanto
que no las llames corales,
viendo que es sangre mi llanto.
   ¡Ay de mí! ¿Qué bien espero?

Leonor   ¿Qué sientes?

Marcelo   Siento un desmayo.

Leonor   Tenerte en mi brazos quiero.

Marcelo   Así veré el verde mayo
junto al nevado febrero.

(Desmáyase Marcelo en sus brazos y sale don Diego de Meneses.)

Diego (Aparte.)

     (Amor, que mi pecho sabes,
paz pretendo, ponte en medio,
modera mis penas graves,
pues vengo a buscar remedio
por caminos tan suaves.
    A pedir vengo a Lisarda
antes que en sus llamas arda;
mas traigo, aunque Amor me anima,
tantos agravios encima
que mi sangre me acobarda.)
    Señor, si en tu noble pecho
viven mis graves ofensas,
si tú no estás satisfecho
y remitirlas no piensas,
aquí está quien las ha hecho.
    Intenta tus desagravios,
dame muerte, aunque es prudencia
de pechos nobles y sabios
tener petos de paciencia
hechos a prueba de agravios.
    Mi mal confieso y me pesa
si he ofendido tu persona;
pero si el agravio cesa,
imita a Dios que perdona
a quien sus culpas confiesa.
    De nuestro enojo pasado
puede la paz resultar
como el cielo lo ha mostrado
que a veces suele sacar
un gran bien de un gran pecado.
    A Lisarda tuve amor,
que no he sido su enemigo.
Dale licencia, señor,
que se despose conmigo

pues merecí su favor.
    Y a mi gusto satisfaces
y a quien eres si esto haces;
hazlo, así goces tu edad
un siglo, una eternidad,
con el bien de nuestras paces.

Marcelo   Dame una espada o montante,
vengaré esta grave injuria;
que es mi vejez elefante,
y ha cobrado nueva furia
viendo este tigre delante.

Diego   No la traigo, que no importa
si a tus pies está inclinada
la mía. El enojo acorta,
porque es cobarde la espada
que el cuello rendido corta.

Leonor   Señor, Lisarda ha de ser
forzosamente mujer
de don Diego, pues la tiene
en su casa. Te conviene
fingir muestras de placer.
    ¿No vale más que se diga
que por mujer se la has dado,
porque la paz se prosiga,
y no que te la ha llevado
y la tiene por su amiga?
    Dile, pues, que en hora buena
y allá se habrán.

Marcelo   Ya mi pena
con tus consejos se tarda.

Don Diego, tuya es Lisarda.
Alegres bodas ordena.
    Mas es con tal condición
que en mi casa no ha de entrar,
pena de mi maldición.
Allá se puede casar
y siga su inclinación.

Diego   Los pies a besar me da.
Todo a tu gusto será,
pues que de límite pasa
tus mercedes. En mi casa
el casamiento se hará.
    A prevenir fiestas voy
pues con Lisarda me alegro;
Amor, mil gracias te doy
[por] mi amigo, que es mi suegro
Marcelo. Ya loco estoy.

(Vase don Diego.)

Marcelo   Hija, no es razón que vea
casarse contra mi gusto
la que ofenderme desea,
y así me parece justo
que nos vamos a la aldea.
    Estando allá, no veré
esta boda desdichada,
ni su suceso sabré.

Leonor   Lo que mandares me agrada.

Marcelo   Tienes amor, tienes fe.

(Vase Marcelo. Queda Leonor. Salen don Sancho y Fabio, su criado de camino
con un retrato.)

Sancho   Fabio, el hombre que se casa
                  sin ver antes su mujer,
                  está sujeto a tener
                  poca paz y amor en casa.
                     En estas cosas es justo
                  que haya alguna inclinación,
                  o que se haga elección
                  pidiendo consejo al gusto.
                     Yo, pues, que casarme trato,
                  sin ser conocido quiero
                  ver a Lisarda, primero,
                  sin dar crédito al retrato.

Fabio   ¿Con qué ocasión llegarás?

Sancho   Darámela mi deseo
                  si es Lisarda la que veo.

Fabio   Si es ella, casado estás;
                     Paréceme que te abrasa.

Sancho   Estando vivo Marcelo,
                  mal hago en llegar al cielo
                  a preguntar si está en casa.
                     Hablarle ya no deseo.
                  aunque bien su intención supe,
                  porque la lengua se ocupe
                  en alabar lo que veo.
                     No vio el Sol mujer ni estrella
                  tan hermosa y tan gallarda.
                  Mira Fabio, si es Lisarda,

que sospecho que no es ella.

Fabio   Nada al retrato parece.

Sancho   Son sus ojos soberanos.

Fabio   ¿Hay más que trocar sus manos?

Sancho   Ningún hombre la merece.

Leonor   No es digno lo que miráis,
            señor, de ser alabado,
            y mi poder está ocupado.
            Decidme lo que mandáis.

Sancho   Mando al gusto que no venga
            a veros en daño mío.
            Mando a mi libre albedrío
            que mi inclinación detenga.
            Mando el cuerpo a la ventura
            que tuve en estar mirando
            ese Sol, y el alma mando
            al cielo de esa hermosura.
            Y dejo del pensamiento
            a la memoria heredera.

Leonor   Solo falta que se muera,
            pues se ha hecho el testamento.

Sancho   No falta; que la herida
            fue repentina, y es fuerte,
            y el que en veros ve su muerte,
            ése solo tiene vida.
            Quien su seso mucho o poco

pierde, viendo esa hermosura,
tiene razón y cordura;
y quien no le pierde es loco.

Leonor

   ¿Y qué favor lisonjero
no me dará un hombre que es
cortesano y portugués?
¿De dónde sois, caballero?

Sancho

   Como a Coímbra viniese
de Lisboa la real,
don Sancho de Portugal
mandó que a Marcelo viese,
   porque cierta ocupación
le detiene.

Leonor (Aparte.)

   (Yo sospecho
que éste es don Sancho.)

Sancho

   En el pecho
no me cabe el corazón.
   Lisarda no puede ser
tan hermosa dama. Fabio,
un consejo, como sabio.

Fabio

Pide aquésta por mujer,
   aunque es hermana segunda.
No repares en el dote.

Fabio

Mal podré, sin que se note.

Fabio

Torres de esperanza funda;
   no desmayes.

Sancho	Si es Lisarda
	tan hermosa como vos,
	a don Sancho ha dado Dios
	ventura.

Sancho

        Si es Lisarda
tan hermosa como vos,
a don Sancho ha dado Dios
ventura.

Leonor (Aparte.)

      (En vano la aguarda.)
Vos sois, señor, el primero
que hermosa me ha llamado.

Sancho

Todos lo habrán confesado
con silencio. Fabio, muero.
   Naturaleza inclinada
tanto en vos, quiso cifrar
que sois más para adorar
que para ser alabada.
   Y así los ojos que os ven
dejan a la lengua muda.

Leonor

¿Qué soy hermosa?

Sancho

        Esa duda
discreta os hace también.
   Que pudiérades, se crea,
según sois bella y discreta,
ser necia, y sois tan perfeta
que pudiérades ser fea.

(Sale Beatriz con el sombrero.)

Beatriz

   Tomas, señora, el sombrero
y capotillo, que espera
mi señor.

Sancho

     ¿Quieres que muera,

flechando el arco de acero,
   Amor?

Leonor   Vamos a una aldea.
Mi padre os verá después,
derretido portugués.

Sancho   Dadme licencia que os vea.

Leonor   Ni la doy ni la consiento.

(Vanse Leonor y Beatriz.)

Sancho   Pues, yo me la tomaré,
si basta que me la dé
mi atrevido pensamiento.
  ¡Ay, Fabio, que ésta es Leonor,
la que ha de ser religiosa!

Fabio   De que la llames hermosa
y le hayas mostrado amor,
  no le pesa. No hayas miedo
que en su vida monja sea.

Sancho   Verla tengo en el aldea.

Fabio   ¿Cómo?

Sancho   Disfrazarme puedo,
  porque mi amor no Consiente
que en otra el alma divierta.

Fabio   Vete, pues, por esta puerta;
que viene acá mucha gente.

(Vanse, y salen Domingo, don Diego, y Florino.)

Diego   ¿Quién serán los que salieron?

Florino   ¿Quién? El pretensor sería
                         de Lisarda.

Diego   Bueno iría.
                         Si ellos salen, ya no vieron.
                            ¡Hola! Avisad como vengo
                         con mis parientes y amigos,
                         de mi mucho amor testigos,
                         por mi Lisarda, y que tengo
                            a la puerta el coche. Avisa
                         a Lisarda y a Marcelo.
(Vase Domingo.)   No vi más alegre el cielo,
                         lloviendo está gozo y risa.
                            Dándome está el parabién
                         de esta paz, de esta amistad,
                         con luz y serenidad
                         y sus esferas también.

(Salen Domingo y un Escudero.)

Domingo   Señor, no tenemos nada.
                         La boda del perro ha sido
                         esta boda.

Diego   ¿Cómo?

Domingo   Es ido
                         Marcelo.

Diego
                      La sangre helada
tengo ya.

Escudero
                       Toda su casa
a la aldea se llevó,
y hecho alcalde me dejó
de estas suyas.

Diego
                             ¡Qué esto pasa!
¿Y Lisarda?

Escudero
                       Claro está
que con él la llevaría.
No la vi, pero allá iría
con Leonor.

Diego
                        ¡Muerto soy ya!
¡Qué inconstante es la vejez!
A Lisarda me ha de dar
o tengo de ejecutar
lo que he intentado otra vez.
¿Qué bien sintió quien decía
que el hombre con la vejez
vuelve a la tierna niñez!
¿Quién en viejo y niño fía?
Por guardarle yo respeto,
no la tengo en mi poder;
pero será mi mujer.
Robaréla, te prometo.
No respetaré sus años.

Florino
Fuerte es su castillo.

Diego
                            Amor

ha sido siempre inventor
de máquinas y de engaños.

(Vanse todos.)

Fin de la primera jornada

Jornada segunda

(Salen don Gil y Lisarda, en hábito de salteadores, con arcabuces.)

Gil   Ya vendrás arrepentida;
                            ya te quisieras tornar.

Lisarda   Un delfín cortando el mar,
                            una cometa encendida,
                              un caballo en la carrera,
                            en alta mar un navío,
                            el veloz curso de un río,
                            rayo que cae de su esfera,
                              una flecha disparada
                            del arco, podrán volver
                            atrás, mas no la mujer
                            una vez determinada.
                              Delfín, caballo, cometa,
                            río flecha, rayo, nave,
                            es la mujer que no sabe
                            ser obediente y sujeta.
                              Vergüenza y honra preciosa,
                            interés, miedo y poder
                            no la podrán detener
                            si está agraviada y celosa.
                              Pues yo que en cólera rabio
                            sin vergüenza, honra ni miedo,
                            ¿cómo arrepentirme puedo
                            antes de vengar mi agravio?
                              Antes me trae confianza;
                            que, pues fuiste el instrumento
                            de las injurias que siento,
                            lo has de ser de mi venganza.
                              Ésta es del monte la falda

a quien llaman Las Cabecas;
de encinas verdes y secas
sustenta un bosque en su espalda.
   Aquí en un valle cercano
que a los ánimos recrea
tiene mi padre una aldea
donde se viene el verano.
   De la otra parte don Diego
un pequeño bosque tiene,
donde muchas veces viene
a cazar y holgarse.

Gil   ¿Luego
aquí pretendes vengarte?

Lisarda   Sí, porque en esta espesura
con vida libre y segura
yo me atrevo a contentarte.
   Una tigre seré brava
contra el cauto cazador,
pues me han robado el honor
que era el hijo que criaba.
   Haré del miedo moneda
y compraré a los pastores
cabritillos trepadores,
fresca lecho y fruta aceda.
   El seguro pasajero,
viendo mi arcabuz al hombro,
con sobresalto y asombro
dará el guardado dinero.
   Fuertes murallas haremos
de esta sierra, que si subes
verás que toca en las nubes
con sus ásperos extremos.

Cuando su nieve desata
julio, por ásperas quiebras
bajan al valle culebras,
hechas delicada plata.

Con el calor del estío
sudan tanto estas montañas
que en el valle entre espadañas
forman un pequeño río.

Dos fuentes hay donde cría
velos mayo, y leche enero,
y donde el ciervo ligero
vide correr algún día.

Una cueva hay de pizarras
y de diferentes piedras
que está aforrada de hiedras
y guarnecida de parras.

Todo a pasos lo he medido
porque he sido cazadora
y la gama coladora
en vano de mí ha huido.

Aquí pretendo que pases
el pecho de piedra fría,
que grande amor me fingía
para que tú me gozases.

Aquí, cuando al bosque venga,
su homicida pienso ser,
sin que el miedo de mujer
lugar en mi pecho tenga.

Aquí le he de dar la muerte,
pues que ha sido el instrumento
de las injurias que siento.

Gil   ¡Fuerte mujer!

Lisarda   Y tan fuerte
                    que el mundo me ha de llamar
                    Semíramis la cruel,
                    y en cuantos pasen por él
                    quiero enseñarme a matar.

Gil   Yo seguiré tus cuidados,
                    pues soy ciego con mi error,
                    hidrópico pecador,
                    y tengo sed de pecados.
                        Manda que emprenda adulterios,
                    que latrocinios intente,
                    que jure, mate y afrente,
                    que escale los monasterios,
                        y mira si peco aprisa
                    por ti en aqueste lugar;
                    que ayer me vi en el altar
                    celebrando eterna misa,
                        ayer, en llanto deshecho,
                    tuve a Dios entre mis manos,
                    y hoy, con actos inhumanos,
                    tengo un infierno en el pecho.

Lisarda   ¡Gente pasa!

(Pónense las mascarillas.)

Gil   El rostro cubre
                    y escóndete en estos riscos
                    coronados de lentiscos
                    verdes a pesar de octubre.

Lisarda   Morirán.

Gil   Si no son tantos
                  que algún recato nos dan.
                  ¡Mujeres son!

Lisarda   No podrán
                  enternecerme sus llantos.

(Salen Marcelo, Leonor de camino, y Beatriz con un cofrecito.)

Marcelo   Vaya el coche por lo llano,
                  y tú, Leonor, esta cuesta
                  descenderás de la mano
                  segura.

Lisarda (Aparte.)   (Mi hermana es ésta.)

Gil (Aparte.)   (Es un ángel soberano.)

Leonor   Fácil es la descendida;
                  solo tu cansancio siento.

Lisarda   Hoy verá el mundo en mi vida
                  el extraño atrevimiento
                  de un alma que va perdida.
                     Mi sangre quiero verter.
                  ¡Mueran pues! ¡Mueran los dos!
                  Porque tales suelen ser
                  las obras de una mujer
                  que está sin honra y sin Dios.
                     Mi hermana a heredarme viene;
                  la envidia me da inquietud
                  y matarla me conviene,
                  que me ofende la virtud
                  y aborrezco a quien la tiene.

Si el ser Marcelo me dio,
con su maldición prolija
a esta vida me obligó,
y el que aborrece a su hija
sin duda no la engendró.
	No es mi padre, es mi contrario
y así a la muerte se viene.

Gil

Ese intento temerario
me agrada por lo que tiene
de pecado extraordinario.
	Hecho será que me asombre;
que a la mujer nadie iguala
en celo y piadoso nombre,
pero cuando da en ser mala
es peor que el más mal hombre.

(Apúntales Lisarda, y pónese de rodillas Marcelo.)

Marcelo

¡Deteneos! ¡Esperad!
Para mí no es bien que os pida
misericordia y piedad,
pues me quitáis poca vida
no perdonando a mi edad.
	No es para mí caso fuerte
el verme así amenazado,
pues mataréis de esa suerte
a un viejo que está llamado
a las puertas de la muerte.
	Si yo en vuestras manos doy
la vida, me habréis sacado
de desdichas, porque soy
el hombre más desdichado
que Portugal tiene hoy.

Solo la piedad pretendo
para esta hija, que es joya
con quien escapo huyendo
de mi casa, que es la Troya
que está en desdichas ardiendo.
    Por ella piedad espero,
pues que el soberbio elefante
ablanda su pecho fiero
cuando le ponen delante
un inocente cordero.
    Hijas el cielo me dio;
ángeles han parecido
porque la mayor cayó.
Ya es demonio, y ésta ha sido
el buen ángel que quedó.
    De virtudes está llena,
ninguna mujer la iguala;
y pues mi desdicha ordena
que tenga vida la mala,
no me matéis vos la buena,

Lisarda (Aparte.)   (Más la envidia me inhumana.)

Gil (Aparte.)   (No dé lumbre el pedernal.)
Sosiégate, hermosa dama.

(Aparte.)   (¿Qué dije? No es racional
el hombre que no se allana.
    Aunque otras veces te vi,
quise el alma como cuerdo,
y la guardaba de mí;
mas ya que sin mí la pierdo
perderla quiero por ti.)

Leonor   Si una vida queréis ya,
                             yo pagaré ese tributo;
                             que menos daño será
                             cortar el temprano fruto
                             que no el árbol que le da.
                                 Cruel sois; la causa ignoro.
                             Si es vuestra furia de toro,
                             sirva mi vida de capa.
                             Rompedla mientras se escapa
                             el dueño y padre que adoro.
                                 Nunca os ofendí, señor.
                             Viva mi padre y yo muera.
                             Si es de lobo este rigor,
                             despedazad la cordera
                             y dejad vivo al pastor.
                                 Aunque en ambos puso Dios
                             tan grande amor que ninguno
                             le ha igualado, y así vos,
                             solo con matar al uno
                             quitáis la vida a los dos.

Gil   A aquellos ojos se deben
                             mil victorias y trofeos.
                             Cielos son que perlas llueven,
                             y mis sedientos deseos
                             dentro del alma los beben.
(Aparte.)   (Por ti, divina Leonor,
                             haré otro grave delito;
                             que el pasado fue un error
                             y éste es un ciego furor
                             nacido de un apetito.
                                 A Marcelo he de matar;
                             mas lo que el alma desea
                             podrá Lisarda estorbar.

Váyanse pues al aldea;
que allá la pienso gozar.)

Beatriz   Señor, por el cielo os pido
que ir nos dejéis con sosiego.

Lisarda (Aparte.)   (Y si tú no hubieras sido
alcahueta de don Diego,
yo no me hubiera perdido.)
Dime, don Gil, ¿qué haremos?

Gil   Que nuestra necesidad
con sus joyas remediemos,
y la amada libertad,
por ser tu sangre, les demos.

Lisarda   Rescatad las vidas.

Marcelo   ¿Cómo?

Lisarda   Dándonos oro.

Marcelo   Señor,
en esta caja de plomo
hay joyas de gran valor.

(Dale el cofrecillo.)

Lisarda (Aparte.)   (Si son mías, nada os tomo.)

Marcelo   Estas joyas he guardado
a una hija que tenía.

Lisarda   ¿Y adónde está?

Marcelo   Se ha casado
                           contra mi gusto este día
                           para mí tan desdichado.
                              Huyendo a mí me persigo
                           por no ver el casamiento
                           tan infelice que os digo,
                           que es envidioso tormento
                           la gloria de un enemigo.
                              Eslo mío el desposado,
                           y pues ella se ha casado
                           contra el mandato de Dios,
                           gozad de sus joyas vos
                           que así me habéis consolado.

Lisarda   ¿Consolado? ¿En qué?

Marcelo   En pensar
                           que se ha podido llamar
                           más desdichado que yo
                           vuestro padre, que engendró
                           hijos para saltear.

Lisarda (Aparte.)   (Quitarte el consuelo puedo
                           si la máscara me quito.)
                           La libertad os concedo,
                           y adiós.

Beatriz   Él sea bendito;
                           que ya respiro sin miedo.

Gil   Espera, que me has de dar
                           la mano.

(Tómale a Leonor la mano.)

Leonor
        Mi vida es breve
si me la quiere cortar.

Gil
Sangre, leche, grana y nieve
el cielo quiso mezclar
  en estas manos.

Leonor
           ¡Ay cielos!
Temblando estoy.

Gil (Aparte.)
          (Yo, encendido,
tocando estos dulces hielos.
¡Qué ignorante que he vivido
de amor, de favor, de celos!
  Pero ya empiezo a saber
que es peregrina criatura
para el gusto la mujer.
Con razón por su hermosura
reinos se saben perder.)

Lisarda
  ¡Vuelve!

Marcelo
      Si que vuelva el llanto.

Leonor
¡Don Gil, amigo de Dios,
quitadnos peligro tanto!

Gil
Por cierto, dama, que vos
os ofrecéis a un buen santo.

Marcelo
  ¿Qué quieres?

(Pónese de rodillas Lisarda.)

Lisarda
        Que me perdones
tus injurias, que me digas
blandas y dulces razones
y cual padre me bendigas.

Beatriz
       ¡Oh, qué benditos ladrones!

Marcelo
        Ya que con sano consejo
pides bendición a un viejo,
Dios de esta vida te saque,
Él te perdone y se aplaque
que perdonado te dejo.

(Bendícela y vanse.)

Gil
        No es bendición, sino error,
la que pediste y te ha dado;
porque para el pecador,
mientras gusta del pecado,
no hay otra vida mejor,
   ¿o vives arrepentida?

Lisarda
       Lejos estoy de ese estado;
mas, bien es que el perdón pida
para tenerlo alcanzado
cuando mudare la vida.

Gil
        En el poder de don Diego
te juzgan.

Lisarda
         Muerto lo llama.

Gil   ¿Cómo?

Lisarda   Hoy pienso poner fuego
a su bosque y a la fama
vendrá, y mataréle luego.

Gil   Con mucho rigor salteas
si a tus padres no perdonas.

Lisarda   Imito, como deseas,
a las fieras Amazonas
pero no al troyano Eneas.

(Abre el cofre, ven las joyas.)

Gil   ¿Qué joyas son?

Lisarda   No pequeñas.

Gil   ¿Y éste?

Lisarda   Retrato ha de ser
de mi hermana.

(Tome el retrato.)

Gil   El Sol me enseñas.

Lisarda   La caja quiero esconder
entre estas ásperas peñas.

(Vase Lisarda con el cofre.)

Gil   Amor, el alma abrasada

con vida esperanza viva;
que podrás dársela viva,
pues hoy se la das pintada.

   El alma tuya se nombra
con amorosos desmayos;
mas, ¿qué efecto harán tus rayos
si así me ciega tu sombra?

   Leonor, mi pecho se abrasa,
tu gloria he de pretender;
que la peste pienso ser
de las honras de tu casa.

   Gozar pienso el bien que veo,
pues lo llegué a desear;
que no me han de condenar
más las obras que el deseo.

   Si la intención y el afe[c]to
condenan al pecador,
por gozar de ti, Leonor,
daré el alma.

(Sale el demonio, vestido de galán, y llámase Angelio.)

Angelio   ¡Yo la ace[p]to!

Gil (Aparte.)   (Después que a este hombre he mirado
siento perdidos los bríos,
los huesos y labios fríos,
barba y cabello erizado.

   Temor extraño he sentido.
Alma, ¿quién hay que te asombre?
¿Cómo temes tanto a un hombre
si al mismo Dios no has temido?)

Angelio   No temas, don Gil. Espera.

Gil   Di, ¿quién eres?

Angelio   Soy tu amigo,
                         aunque he sido tu enemigo
                         hasta ayer.

Gil   ¿De qué manera?

Angelio   Porque imitándome vas;
                         que en gracia de Dios me vi
                         y en un instante caí
                         sin que pudiese jamás
                           arrepentirme.

Gil   ¿Y te llamas?

Angelio   Angelio, y vivo espantado
                         de lo poco que has gozado
                         gusto de juegos y damas.
                           Si predestinado estás,
                         la gloria tienes segura;
                         si no lo estás, ¿no es locura
                         vivir sin gusto jamás?
                           Si aprender nigromancía
                         quieres, enseñarla puedo;
                         que en la cueva de Toledo
                         le aprendí, y en ésta mía
                           la enseño a algunos. ¡Qué ciencia
                         para vicio infinitos,
                         corriendo los apetitos
                         sin freno de la conciencia!
                           Si a los infiernos conjuras,
                         sabrás futuros sucesos,

entre sepulcros y huesos,
noche y sombras oscuras.
  En todos cuatro elementos
verás extrañas señales,
en las plantas, animales
y celestes movimientos.
  Tu gusto será infinito,
son vida libre y resuelta
seguirás a rienda suelta
los pasos de tu apetito.
  Y, pues que tienes amor
a Leonor, aunque es incesto,
haré que la goces presto.

Gil   ¿Que adoro a doña Leonor
                      has sabido?

Angelio   Y no imagines
que en lo que toca a saber
me pueden a mí exceder
los más altos querubines.

Gil   Tengo a tu ciencia afición.
Yo aprenderé tus lecciones.

Angelio   Guardando las condiciones
con que las deprendí.

Gil   ¿Y son

Angelio   Que del mismo Dios reniegues,
y haciendo escrituras firmes
de ser mi esclavo, las firmes
con sangre, y la crisma niegues.

Gil
  Alma, si hay alma en mi pecho,
hoy tu salvación se impide.
Poco pide, pues me pide
lo que casi tengo hecho.
  Dejando la buena vida,
perdí el alma. Pues, ¿qué espero,
si por hallar lo que quiero
doy una cosa perdida?
  Si son tres las ocasiones
con que ofendí a Dios eterno,
ya tengo para el infierno
bajados tres escalones.
  Otro, con algún disgusto,
se da muerte o desconfía,
y así viene a ser la mía
desesperación de gusto.
  Digo que haré lo que ordenas;
pero has de darme a Leonor.

Angelio
  ¡Ah, discípulos!

(Salen dos, en hábitos de esclavos.)

Esclavo I
  ¿Señor?

Angelio
  Sangrad a don Gil las venas,
  porque a ser mi esclavo empieza.

Gil
  Yo a ser discípulo voy.

Angelio
  No te pese, porque soy
de mejor naturaleza.

(Meten a don Gil los esclavos, queda Angelio, sale Lisarda.)

Lisarda   Junto a una fuente que espejo
de cristales y diamantes
es del Sol, dos caminantes
robados y muertos dejo.
   Relámpago fue, y ensayo
de mi colérico fuego;
pero el matar a don Diego
será la verdad y el rayo.
   Probar quise mi valor;
mas, ¿cómo no he de ser fuerte
en la ajena, si a mi muerte
tengo perdido el temor?
   Cazadora de hombres soy,
fieras de otro nombre indinas.
Yo colgaré en las encinas
humanos despojos hoy.
   Serán silvestres picotas,
tanto que a decirnos muevan
que ya las encinas llevas
cabezas y no bellotas.

(Ve la visión del demonio que asoma, y dice.)

   ¡Jesús! ¿De qué ha procedido
tan prodigioso temor?
¿Adónde están el valor
y arrogancia que he tenido?
   Solo a un hombre tanto temo;
que ni es monstruo ni gigante.
Pasar no puedo adelante,
espantada con extremo.
   La muerte le quiero dar.

(Apúntale la escopeta.)

Angelio   No tienes que prevenir
                 que si no puedo morir,
                 ¿cómo me podrás matar?

Lisarda   ¿Viste un hombre?

Angelio   A un hombre vi
                 que no ha de ser hombre más.

Lisarda   ¿Qué ha de ser?

Angelio   Tú lo verás.

(Salen los esclavos y sacan a don Gil, hecho esclavo con «ese» y clavo.)

                 ¿Firmó la escritura?

Esclavo I   Sí.

Lisarda   ¿Quién habrá que a don Gil vea
                 que no se admire? ¿Qué es esto?

Gil   Yo a servirte estoy dispuesto.

Angelio   Esta cédula se lea.

(Lee el papel.)

Gil   Si aprendo la sutil nigromancía
                 que el católico llama barbarismo,
                 y excediendo las fuerzas de mí mismo,

gozare de Leonor un breve día,
    digo yo, don Gil Núñez de Atoguía,
sin temor de las penas del abismo,
que reniego del cielo y del bautismo,
perdiendo a Dios la fe y la cortesía.
    Su nombre borro ya de mi memoria,
tu esclavo para siempre quedo hecho,
por gozar de esta vida transitoria,
    y renuncio el legítimo derecho
que la iglesia me da para la gloria
por la puerta que Dios abrió en su pecho.
    Así lo otorgo.

Angelio   Pues, ea,
maten hombres esas manos
porque entre cuerpos humanos
la primer lección se vea.
    Esta cueva es el asilo
y allí en sus negros altares
llorarás los que matares
como suele el cocodrilo.

(Vanse. Quedan don Gil y Lisarda.)

Lisarda   ¿Qué traje es éste?

Gil   De esclavo,
que he dado mi libertad
por una curiosidad
que te encarezco y alabo.
    Aprendo nigromancía
que en esta cueva me enseña.

Lisarda   No es curiosidad pequeña.

Yo también daré la mía.
Contigo la aprenderé.

Gil

Guardan ciertas condiciones.

Lisarda

Si Mongibelos me pones,
por sus llamas pasaré.

Gil

De Dios has de renegar.

Lisarda

Harélo una vez y dos.

Gil

Y de la madre de Dios.

Lisarda

Eso no podré otorgar.

Gil

Pues, ¿no es más Dios?

Lisarda

Sí, más es;
mas si a los dos niego agora,
¿quién será mi intercesora
si me arrepiento después?

Gil

Apréndela, tú, sin miedo
del que la vida te dio;
que no soy demonio yo;
que arrepentirme no puedo.

(Aparte.)

(Y en tu loca juventud
la suerte quisiera darte;
pero es virtud el matarte
y aborrezco la virtud.)

Lisarda

Pecadora y ciega soy
y espero hacer penitencia

aunque mi enferma conciencia
dice que mejor es hoy.

Gil   Espérate para luego
                volverte a inflamar en ira.
(Aparte.)   (Con la verdad y mentira
                que la dije de don Diego
                   quiero ocasiones buscar
                en que usar del vicio nuestro;
                pues he hallado maestro
                para enseñarme a pecar.)

(Vanse, y salen don Sancho y Fabio de labradores.)

Fabio   ¿Podráte conocer?

Sancho   Es imposible;
                que no me vio Marcelo en muchos años.

Fabio   ¿Y si te extrañan los de aquesta aldea?

Sancho   No importa. Pensarán que en las entrañas
                moramos.

Fabio   ¿Qué pretendes?

Sancho   El alma noble
                de esta Leonor que ya robó la mía.

Fabio   Lisarda no ha venido con su padre.

Sancho   Ya yo lo supe. No sé qué es la causa.
                ¿Si es muerta, si es casada?

Fabio   Todo es uno;
          mas todos están tristes y sospecho
          que es muerta. Hoy lo sabré.

(Salen don Diego y Domingo de labradores.)

Diego   Calla, Domingo.
          No me aconsejes; que me abrasa el alma
          el amor de Lisarda.

Domingo   ¿Y qué es tu intento?

Diego   Robarla.

Domingo   Ya pudiste, y como necio
          dormido me dejaste y te acogiste.
          No sé si miedo fue.

Diego   Fue celo bueno.
          Procura el amistad de los villanos;
          que introducido yo una vez entre ellos
          y el rostro recatado de Marcelo,
          ocasión buscaré para mi intento.

Domingo   Manténgaos el Señor.

Fabio   Sí, que es buen amo
          y a todos nos mantiene.

Domingo   ¿Habéis ya visto
          el señor del lugar?

Fabio   Vístole habemos.

Domingo   ¿Y a las señoras?

Fabio   Solo trajo una
que es Leonor.

Domingo   ¿Y Lisarda?

Fabio   Creo que es muerta.

Domingo   Pues, mal te haga Dios, así lo dices.
¿Oyes esto, señor?

Diego   Oigolo, y creo
que así debe de ser porque Marcelo
la habrá muerto por no verla casada
conmigo. ¡Viejo cruel! ¡Triste don Diego!

Domingo   Ninguno de esta casa me conoce.
Informarme podré. Escóndete presto;
que salen a este prado.

Sancho   Ésta es la gloria
que pienso conservar en mi memoria.

(Salen Marcelo, Leonor, y Beatriz. Marcelo, un gabán puesto, y un Músico.)

Marcelo   Mucho agradezco el deseo
que muestras tú de alegrarme.
Cantad mientras de este campo
gozo de los frescos aires.

Músico   «Escucha, Lisarda, ausente
de aquestos amenos valles,
más que Anajarte cruel,

y más ingrata que Dafne.
Al pastor que te adoraba
trocaron tus libertades,
y a Gerarda llama dueño
que en perfección es un ángel.»

Domingo   Señor Marcelo, pescudo,
¿cómo a este prado no sale
nuesa señora Lisarda?

Marcelo   No la nombres. No me mates.
Lágrimas vierten mis ojos
si de ella me acuerdo.

Diego (Aparte.)   (Sangre
fuera mejor. Ello es cierto.
Mi mal y desdicha es grande.)

Músico   «Con justa razón te olvida,
pues no supiste estimarle
y ha mejorado de gusto
siendo de Gerarda amantes.»

Sancho   Dame licencia, señora,
que mientras cantan te hable.

Leonor   Ya te conozco, don Sancho.

Sancho   Amor atrevidos hace.

Músico   «Con menosprecio y olvido
es justa razón que paguen
a quien no estima las obras
ni agradece voluntades.»

Diego   Pregunta claro si es muerta.

Domingo   Mis pescudas no te cansen.
                         ¿Murió Lisarda?

Marcelo   Ya es muerta
                         en esta casa.

Domingo   ¿Escuchaste?
                         Que en esta casa murió
                         me ha dicho.

Diego (Aparte.)   (¡Ay, hermosa mártir,
                         vida inocente, alma noble,
                         viejo tirano, mal padre!)
                         Matarle quiero y vengarla.

Domingo   Más sano será que calles.

Diego   Loco estoy.

Domingo   Mira que estamos
                         entre villanos cobardes
                         y son muchos.

Diego   Ella ha muerto.
                         Domingo, mi mal es grande.

Domingo   Soy Domingo, y tus desgracias
                         me van convirtiendo en martes.

(Vanse don Diego y Domingo.)

Músico   «En el jardín del amor,
                entre verdes arrayanes,
                duerme Gerarda al ruido
                de fugitivos cristales.»

Sancho   No te ofendo si te adoro.
                Mira, Leonor, que no es fácil
                vencer una inclinación.

Leonor   Podráse ofender mi padre;
                podráse ofender mi honor.
                Mira, don Sancho, qué haces;
                que puedo ser murmurada
                si estás aquí en este traje.

(Sale Constancio, labrador.)

Constancio   Señor, si de tus vasallos
                sientes las desdichas grandes,
                siente y remedia la mía;
                que la tendrás por notable.
                A las fuentes de esa sierra
                subí yo con dos zagales
                y mi hija cuya boda
                fuera mañana en la tarde.
                ¡Nunca a la fuentes subiera!
                Que otras en mis ojos naces
                que correrán mientras dure
                mi vida caduca y fácil.
                Salieron cuatro ladrones,
                crueles como cobardes,
                que entre esos montes soberbios
                no vistos insultos hacen
                y a Lísida me robaron.

Mira si es razón que bañen
con lágrimas estas canas
ojos que ven cosas tales.
Un esclavo es capitán
de aquella cuadrilla infame,
y aficionóse de verla.
¡Cegaran sus ojos antes!
Viéndose presa y forzada,
daba gritos, aunque en balde,
cual cabritillo que bala
por las ubres de su madre.

Marcelo   Mi mal renueva esa historia.
Sucesos son semejantes.

Leonor   Mis joyas robaron ésos.

Sancho   ¡Qué eso me encubras y calles!
¿A ti, que las almas robas,
se atrevieron? A buscarles
tengo de ir en tu servicio.
Con su muerte he de obligarte.
Labrador, si en esta aldea
alguna gente juntases,
yo buscaré los ladrones.
No hayas miedo que se escapen.

Leonor   Habrá muchos que te sigan.

Constancio   Yo también pienso ayudarte.

Sancho   Con tu licencia, señora,
ir pienso.

Leonor   Merced me haces.
¿Quién es este labrador
forastero y de buen talle?

Fabio   De aquesta cercana aldea,
hombre de bien y tu amante.

(Vanse los labradores.)

Leonor   Basta ya, prosigue tú
en cantar aquel romance
que gusto me dio.

Beatriz   Otro tono
podrá decir que te agrade.

(Cante el músico algo, y salen don Sancho, príncipe de Portugal, y don Rodrigo, criado suyo, de camino.)

Príncipe   Esta voz he de escuchar
mientras hierran los caballos.

Rodrigo   El señor de estos vasallos
es éste.

Leonor   Torna a cantar.

Príncipe   ¡Ah, don Rodrigo!

Rodrigo   ¿Señor?

Príncipe   ¡Gran mal hay!

Rodrigo   Dame tristeza

que eso digo vuestra alteza.
¿Qué mal siente?

Príncipe   Mal de amor.
               ¿Has visto rostro más grave,
color más viva y perfeta,
más señales de discreta,
habla más viva y suave?
               Muerto soy, y no me espanto.
Sin causa serpiente he sido
pues que no cerré el oído
a las voces de su encanto.

Beatriz   Dos forasteros atentos
a la música han estado.

Leonor   Y uno de ellos me ha robado
más de cuatro pensamientos.

Marcelo   A Coímbra pasarán.

Leonor (Aparte.)   (¡Buen talle!) ¿Cómo parece,
caballero?

Príncipe   Él lo merece.

Leonor   Los soldados aquí están.

(Tocan una caja, salen todos los villanos que pueden, don Sancho de capitán
y villano, Fabio de alférez, y los demás.)

Sancho   Marchen en concierto.

Rodrigo   Tío,

                ¿quién es padre de esta dama?

Sancho   Éste, y Marcelo se llama
de Noroña.

Príncipe   Deudo es mío.

Rodrigo   Y decidme, ¿adónde van
armados estos garzones?

Constancio   A prender unos ladrones.

Príncipe   No es mal hecho el capitán.

Sancho   Acá les traigo el alarde.
Sus bendiciones le den.

Leonor   Todo os suceda muy bien,
y el cielo, Sancho, te guarde.

Marcelo   ¿Sancho te llamas?

Sancho   Señor,
uno Sancho, otro Pascual.

Leonor   Y Sancho de Portugal.

Sancho   Mejor dirás «de Leonor».
Del dueño el nombre se toma,
tuyo soy, y lo confiesa
el ánimo, aunque esta empresa
no de César ni de Roma.
No voy con valor profundo,
ni con griegos estandartes,

a conquistar las tres partes,
como Alejandro segundo.
    Voy a cobrar los despojos
y tú el ánimo me pones;
pero, ¿quién busca ladrones
si están presentes tus ojos?

(Aparte.)   (Mas, ¿a quién están matando
tan divertido y atentos?
¡Ay, celosos pensamientos,
al Príncipe está mirando!
    ¿No es éste don Sancho, cielos,
Príncipe de Portugal?
Déjeme en paz con mi mal
sin darme muerte de celos.
    ¿Dónde va si no ha venido
a ver el Sol que me admira?
¡Con qué atención que la mira,
y ella en él se ha divertido!
    Quiero sufrir y callar.)
¡Ah, ingrata, de celos muero!
¿Qué miras?

Leonor   Un forastero
convida siempre a mirar.
    No es bien que ingrata me llames.
¿Qué favores te he quitado?

Sancho   Los que pido y no me has dado.

Leonor   Si consiento que me ames,
    favores son cortesanos.

Constancio   Vamos, capitán, que es tarde.

Sancho   Bueno, voy haciendo alarde
                de celos y de villanos.

(Vanse los del escuadrón.)

Príncipe   Merece que la veamos.
                Yo he mitigado el cansancio.
                Don Rodrigo, di que a espacio
                hierren, que todos erramos.

(Sale Riselo.)

Riselo   Perdóname las nuevas desdichadas
                que traigo.

Marcelo   Ya están hechos mis oídos
                a desdichas. ¿Qué son?

Riselo   Muerta es Lisarda.
                Don Diego la mató sin duda alguna.

Marcelo   ¿Cómo lo sabes?

Riselo   Como en ese campo
                él mismo dice a voces: «Sepan todos
                que a Lisarda mató quien aborrece
                su sangre». Y como loco a todos dice:
                «Lisarda es muerta; ya murió Lisarda.
                Quien su sangre aborrece le dio muerte.»

Marcelo   Él es el que mi sangre ha aborrecido.
                Un hijo me mató y robó una hija.
                Y en vez de desposarse me la ha muerto.
                Por tálamo le dio la sepultura,

y por darme dolor vino a decirlo.
Paciencia me ha faltado. Iré a la corte
y al rey me quejaré de estos agravios.

Príncipe Yo podré remediar vuestra desgracia.
¿Quién es el ofensor?

Marcelo Mi mal es tanto
que aliento no tendré. Díselo, hija;
que referido el mal siempre se alivia.

Leonor ¿Quién sois, señor, que remediar desdichas
podéis?

Príncipe Un cortesano que pudiera
dar cuenta al mismo rey.

Leonor (Aparte.) (Y que ha podido
mitigar el dolor que me ha causado
la muerte de mi hermana.)

Beatriz ¿Y dónde bueno
vais por aquí?

Príncipe Corriendo voy la posta
para ver a don Gil, un hombre santo,
canónigo en la iglesia de Coímbra,
a pedirle que ruegue a Dios que sane
a mi padre que está en mucho peligro,
y es persona que importa en estos reinos.
Éste es, señora, el fin de esta jornada;
mas, después que os miré, salir no puede
de este lugar con libertad mi alma,
que al mismo Amor matar podéis de amores.

Leonor   Muy sin crédito están vuestros favores.

(Sale don Sancho, vestido de labrador.)

Sancho (Aparte.)   (Si ha conocido Leonor
quién es el que la miraba,
mi esperanza y bien se acaba;
que le ha de cobrar amor.
   El alma traigo abrasada.)

Leonor   Capitán, ¿dónde volvéis?

Sancho   A pediros que nos deis
insignia en esta jornada;
   una banda, cinta o toca
que siendo vuestra, ¡pardiobre!,
que lleve fuerza de robre.

(Aparte.)   (Poco he dicho —de una roca.)

Príncipe   Si un rústico labrador
te estima tanto, y adora,
¿cómo no ha de amar, señora,
quien conoce tu valor.

(Aparte.)   (Ninguno me ha conocido.)

Sancho   ¿No suelen los cortesanos
dar celos a los villanos?

Príncipe   Luego, ¿celos has tenido?

Sancho   Al paso que tengo amor.

Príncipe   ¿Amas mucho?

Sancho   Amando muero.

Príncipe   Pues yo seré tu tercero.
                      Dadle, señora, un favor.
                        Vaya a esta empresa contento.

Sancho   Hed lo que el señor os manda.

Leonor   Echadle al cuello esta banda
                      si gustáis.

(Quítase una banda y dásela al Príncipe.)

Sancho   Más es tormento
                        que merced, la que me ha hecho,
                      si viene por mano ajena.

Príncipe   Labrador, la banda es buena.

Sancho   Así me hará buen provecho.

Beatriz   Espero entre aquestos ramos.
                      ¡Que le ha dado ocasión
                      de tener una cuestión!

Leonor   Mal he hecho. No más vamos.

(Pónense Leonor y Beatriz aparte.)

Príncipe   Mucho la banda te vale,
                      pues te doy este diamante
                      por ella.

Sancho   Soy gran amante;
          no hay tesoro que la iguale.

Príncipe   Deja es necia porfía.

Sancho   No ando en esto necio yo.

Príncipe   ¿No ves que el dártela o no
          de mi voluntad pendía;
              que si gustaba la diese
          dijo el dueño. Y así es justo
          que, si de darle no gusto,
          me la lleve aunque te pese.

Leonor   Valor muestra el forastero.

Beatriz   Reñir tienen. Mal hiciste.

Sancho   Tú para mí la quisiste.

Príncipe   Pues, [ya] dártela no quiero.
                  Eres un necio.

Sancho   Discreto,
          si a necio aquí correspondo,
          yo sé por qué no respondo.

Leonor   ¿Esto es miedo o es respeto?

Beatriz   ¿Por qué le ha de respetar?
          Es miedo, y no se ha atrevido.
          Claro está.

Sancho (Aparte.)   (Yo soy perdido.

No me sé determinar.
    Si pierdo la banda, pierdo
una prenda de favor.
El príncipe es mi señor,
si le ofendo no soy cuerdo.
    Si la dejo, por cobarde
mi dueño me ha de tener.
¿Si me dejo conocer?
¡No hay quien fe en amores guarda!
    No vi confusión igual.
Estando Leonor delante
o dejo de ser amante
o dejo de ser leal.
    Así lo remediaré.)
Aunque yo la banda espero,
no he de reñir; que no quiero
reyertas con su mercé.
    Pero si quieres mirar
si tengo valor y brío,
désela a aqueste judío
que yo la sabré cobrar.

Rodrigo   Porque este infame grosero
no me tenga por cobarde,
deja, señor, que la guarde.

Príncipe   No es razón.

Rodrigo   A un caballero
se la das.

Sancho   Señor, señor,
que bien se la puede dar.

Príncipe   No le habéis de maltratar
                  sino probar su valor.

Rodrigo   Ya la tengo. ¡Vesla aquí!

Sancho   Pues yo le prometo a Dios
                  que son menester los dos
                  para guardarla de mí.

(Ásense los dos.)

Leonor   ¡Como estuve inadvertida
                  en la locura! ¿Qué he hecho?

Sancho   Quitaros tengo del pecho
                  o la banda o vuestra vida.

Príncipe   No es villano este valor;
                  sin duda que es caballero
                  y aun yo conocerle quiero.

Beatriz   Es valiente; tiene amor.

Rodrigo   Demonio es este aldeano;
                  la banda le dejo.

Sancho   Así
                  podéis libraros de mí.

Beatriz   Ya trae la banda en la mano.

Sancho   Así cobro lo que es mío.

Príncipe   Yo la pienso restaurar,

y conmigo has de mostrar
segunda vez ese brío.

Sancho   Tengo reverencia y fe
a tu talle y tu valor,
y así de aqueste favor
humano mártir seré.
   Tomad, señor, la mitad,
y en hacer esto os enseño,
que, como soy, con su dueño
parto yo la voluntad.

Beatriz   ¡Don Sancho de Portugal!

Leonor   Gran respeto le ha tenido;
sin duda le ha conocido
y es persona principal.

Sancho   Da tus favores, ingrata,
con más prudencia otro día.

Príncipe (Aparte.)   (Él me vence en cortesía
y ella de amores me mata.)

(Vanse. Sacan don Gil y los esclavos a don Diego y Domingo, atado y medio
desnudos.)

Diego   Bandolero, ladrón, esclavo noble,
cualquiera que tú seas, ¿qué te mueve
a prenderme? ¿No basta que el dinero
me quites? ¿Y la ropa?

Domingo   Ilustre esclavo y capitán valiente
de estos ministros, émulos de Caco,

¿en qué el pobre Domingo te ha ofendido?
Déjame vivo, y más, que vaya en cueros.

Gil   Atadlos a esos robles.

Diego (Aparte.)   (Yo me acuerdo
de unas palabras de don Gil el santo,
tan fuertes y eficaces que volvieron
mi pecho. El de éste moveré con ellas.)
«Amigo, si enfadaran mis consejos,
es buena la intención, perdona, y mira
que Dios rompe la paz y enojo toma
contra el hombre que ofende sus criaturas.
Huye el mal, busca el bien,
que es la edad corta,
y hay muerte, y hay infierno,
hay Dios y gloria.»

Gil (Aparte.)   (Las últimas razones de mi vida
aquéllas son, que ya mi vida es muerta.)

Diego   «Si hay número en pecar determinado,
¿qué sabes, si te falta darme muerte
para ser condenado eternamente?
Huye el mal, busca el bien,
que es la edad corta,
y hay muerte, y hay infierno,
hay Dios y gloria.»

Gil (Aparte.)   (Esa doctrina prediqué en un tiempo.
Moví con ella un pecho de cristiano;
mas yo me obstino más, que soy demonio.
Queden atados, a Lisarda busco,
porque muerte le dé su mano propia.)

(Vanse. Quedan atados don Diego y Domingo.)

Diego   Vivos nos dejan, ¡oh, palabras santas!
                               Al fin son de don Gil esas razones.

Domingo   Desátame, señor, primero y luego
                               desataréte a ti.

Diego   ¿Qué dices, necio?

Domingo   Como estoy a la muerte desvarío.
                               San Sebastián parezco de azabache.
                               Quiera Dios que no lleguen las saetas.

(Sale Lisarda.)

Lisarda (Aparte.)   (La fábrica del mundo comparada
                               con la celeste máquina en su punto,
                               y la gloria del hombre, es un trasunto
                               de la angélica empresa derribada.
                                  Parece la presente edad pasada,
                               si la eterna de Dios contempla junto,
                               y al fin de largos años ve difunto
                               el cuerpo, envuelto en humo, en sombra, en nada.
                                  La vida, el mundo, el gusto y gloria vana,
                               son junto nada, humo, sombra y pena.
                               Del alma que es eterna el bien importa;
                                  pues, ¿cómo una mujer, siendo cristiana,
                               se opone contra Dios y se condena
                               por el gusto que da vida tan corta?)

Domingo   Si tenéis necesidad,
                               gentilhombre, de un cordel,

yo os haré servicio de él.
Aquí le tengo. Llegad.

Diego   Tened piedad, caballero,
de una extraña tiranía.

Domingo   No repare en cortesía.
Desáteme a mí, primero.

Lisarda   Aquesta ocasión se opone
a mi buena pretensión.

(Pónese la mascarilla.)

Domingo   También es éste ladrón;
que la máscara se pone.

Lisarda (Aparte.)   (Al fin ha venido a ver
su castigo entre mis brazos.
¿Si es don Diego, si son lazos,
para qué torne a caer?
   Ya vuelvo a la oscuridad.
No me quiero arrepentir.
Vela he sido que al morir
muestra mayor claridad.
   Don Diego es. ¡Ingrato, muera!
Navegante soy que a nado
salí del mar del pecado
y me anegué a la ribera.)

   ¡Muere, traidor!

(Apunta a don Diego y no dispara.)

Domingo   ¡Santo Dios,
                     socorred en tanto mal!
                     No dio lumbre al pedernal
                     Sancte Petre, ora pro nos.
                        Pues que no hay santo lacayo
                     que me libre de este fuego,
                     válgame un santo gallego.
                     Socorredme vos, San Payo.

Diego   Piedras me están perdonando,
                     y tú en matarme, ¿qué medras?

Lisarda   Si te perdonan la piedras,
                     piedra soy, y así me ablando.
                        Perdón te pido, y confío
                     que así a Dios obligaré,
                     de modo que le podré
                     pedir perdón por el mío.
                        Enemigos importunos
                     tuvo Dios, y perdonó,
                     y en esto ser Dios mostró
                     más que en milagros y ayunos.
                        Y pues que me pecho sabe
                     en la ley de Dios glorioso
                     hacer lo dificultoso,
                     mejor hará lo suave.

Diego   ¿Quién eres?

Lisarda   Decir pudiera
                     el que más has perseguido.

Diego   A ser quien más he ofendido,
                     que eras Lisarda dijera.

Pero yo no te he ofendido;
que no te he visto jamás.

Lisarda   Toma, que desnudo estás.
Busca a quien comprar vestido.
          Toma.

(Dale una sortija.)

Diego   Por favor del cielo
tomo la vida y las prendas.
¿Qué me mandas?

Lisarda   Que no ofendas
cosas jamás de Marcelo.

Diego   Soy tu esclavo hasta la muerte.
Cumpliré tu honrado gusto.

Domingo   ¿Por ventura soy el justo
sobre quien cayó la suerte?
          ¿He de morir?

Diego   No.

Domingo   Sospecho
que al árbol estoy pegado.

Diego   Confuso voy y admirado
de quién tanto bien me ha hecho.

(Vanse y queda Lisarda.)

Lisarda   Ya, Dios santo, me dispongo

por serviros a morir,
aunque lo quiera impedir
el infierno a quien me opongo.

(Sale Lísida, pastora destocada.)

Lísida

    Una desdichada ampara
que de la muerte se ha huido
y su honra ha detenido
tan a costa de su cara.
    Sin aliento y fuerzas hablo.
Un esclavo me prendió
que en los hechos pareció
que era el esclavo del diablo.
    Forzarme quiso y vencer
mis pensamientos honrados,
pero a gritos y bocados
me he sabido defender.
    Con Dios no llevo deshonra;
mas lloro, y el alma siente
que en mi lugar, con la gente,
en duda tengo la honra.
    Pobre soy, y habrá quien note,
pues tan desdichada he sido,
que el honor llevo perdido
sin hacienda, cara y dote.

Lisarda

    Dignos tus intentos son
de alabanza; digo que eres
confusión de las mujeres
y mi propia confusión.
    Tanta envidia te he tenido
que me trocara por ti.
En tu peligro me vi;

faltó el valor. Fui vencido.

(Aparte.) (Pero llevando esta pena
puede ser mi dicha harta;
que si aquésta ha sido Marta,
yo puedo ser Magdalena.)
    Lágrimas al cielo ofreces
y el cielo dote te dio;
que no es bien que goce yo
lo que sola tú mereces.
    Unas joyas te daré
que en una caja pequeña
en guarda di a aquesta peña.

Lísida Gran limosna, grande fe.

(Saca de una peña el cofre de las joyas.)

Lisarda Era esta caja que enseño
de una honrada desposada;
mas dejó de ser honrada
y ha menester otro dueño.
    Toma y ves allí el camino.
Ya vas segura al lugar.

Lísida Los pies os quiero besar
por hecho ten peregrino.

(Vase Lísida, y sale Arsino, labrador.)

Arsino ¿No respetáis a la edad
ni a la pobreza, ladrones?

Lisarda Dios me da estas tentaciones

para moverme a piedad.
¿Qué tenéis, buen hombre?

Arsino   Vengo
de Coímbra, de la feria,
y ya lloro la miseria
de unos hijuelos que tengo.
  Vendí un poquillo ganado
en treinta escudos, y aquí
un esclavo salió a mí
y sin ellos me ha dejado.

Lisarda   ¿Cuántos son los hijos?

Arsino   Dos.

Lisarda   Esta limosna he de hacer.
Yo mismo me he de vender
en treinta escudos, por Dios.
  Nada me queda que dar,
pero tu esclavo he de ser
y me has de herrar y vender
al señor de este lugar.
  Perdíme no obedeciendo
y he de ganarme obediente.

Arsino   ¿Quién habrá, señor, que intente
hacer lo que est s diciendo?

Lisarda   Importa a mi salvación.

Arsino   Si al alma importa, obedezco.

Lisarda   Señor, desde aquí os ofrezco

un esclavo corazón.

(Vanse.)

Fin de la segunda jornada

Jornada tercera

(Salen Leonor y Beatriz.)

Leonor
Yo te confieso que me vi a peligro
de amar al forastero.

Beatriz
¿Ése es peligro?

Leonor
¡Y con razón! Pues es el amor bueno
semejante al de Dios, y el de los hombres
es amor que se tiene a las criaturas;
que al fin resultan de [él] celos, cuidados,
deshonras, inquietud y breves gustos.

Beatriz
Ya sale mi señor.

(Sale Marcelo.)

Marcelo
Hija y consuelo,
en los trágicos casos de esta vida,
ya te he dicho otra vez, aunque inclinada
a ser monja, que importa que te cases,
y más, faltando hoy de aqueste siglo
tu inobediente y desastrada hermana.
A don Sancho esperamos cada día,
con quien traté por cartas desposarla.
Tu habrás de sucederla en el marido
pues la sucedes en la noble casa.
Don Sancho es caballero rico y noble
y dicen que es discreto y de buen talle.

Leonor
Siempre te obedecí. Lo mismo digo,
y pienso que don Sancho vendrá presto.

Marcelo   ¿Quién lo dijo?

Leonor   Sospecha es ésta mía.

Beatriz   Ya viene la villana compañía.

(Suenan cajas, sale[n Sancho y] el alarde de los labradores, sacan presos a
don Diego y Domingo.)

Sancho   Ya que a la sierra por ladrones fuimos
                          y en ella no prendimos los ladrones,
                          porque el miedo los hizo fugitivos,
                          aquí traigo, señor, al homicida
                          de la bella Lisarda, cuyo caso
                          en el camino supe. Haz de él justicia,
                          o remítelo al rey. Tu injuria venga
                          aunque don Diego se ha fingido loco
                          que es, a veces, su fin tenerse en poco.

Marcelo   Como el ave torna al nido,
                          el mozo al primer amor,
                          y el agua al mar desabrido,
                          así vuelve el ofensor
                          a manos del ofendido.
                             Delante los homicidas
                          vierten sangre las heridas,
                          y esto me sucede a mí
                          si estoy delante de ti;
                          que me has quitado dos vidas.
                             Mis hijos son otro yo,
                          y así agora que me viste
                          la sangre me reventó,
                          porque el homicida fuiste

que dos veces me mató.
Dame, falso, mi hija agora.

Leonor   Ingrato, dame a mi hermana.

Beatriz   Traidor, dame a mi señora.

Diego   Dame tu mano tirana
la mujer que mi alma adora.
Dime, ¿qué Herodes judío,
qué Virginio, qué Darío,
qué Manlio y Bruto romano,
cuáles con su propia mano
hicieron tal desvarío?
Tú eres tu propio enemigo,
tú propio le diste muerte
por no casarla conmigo
porque el cielo quiso hacerte
ministro de tu castigo.

Marcelo   Loco se nos finge ya.
Así librarte no intente;
pero es verdad. Claro está;
porque es loco el delincuente
que a las prisiones se va.
Pues Dios Fortuna esta rueda
para que yo vengar pueda
mis hijos, tu fin es cierto,
no por vengar los que has muerto
mas por guardar la que queda;
que tu condición tirana
por mi mal he penetrado.
Así volverás mañana
y si ahora vas perdonado,

matarás a la otra hermana.

Diego

    Antes, cruel, es más cierto
que si un noble la desea,
tú por quebrar el concierto
la matarás en tu aldea
como a mi Lisarda has muerto.
    Viendo tu sangre vertida,
no imitó tu alma perdida
al pelícano, que el pecho
sangra y le deja deshecho
por dar a sus hijos vida.
    Tú, fiera, ¡que el cielo dome!
Atropos del tiempo estambre,
deja que venganza tome.
Eres búho que con hambre
sus mismo hijos se come.

Leonor

    ¡En qué locura que ha dado!

Marcelo

¿Veis cómo ha disimulado?
No te librarán embustes.

Domingo

Aunque por mí te disgustes,
tú propio me lo has contado.
    Tú la mataste.

Marcelo

            ¿Otro loco?
Enciérrense en esa torre
mientras la justicia invoco
del rey.

Domingo

    Si Dios no socorre,
vivirá Domingo poco.

¿Quién me metió a mí en hablar?

Leonor   ¿Cómo lo puedes negar
con tus locuras prolijas,
si traes puestas las sortijas
de mi hermana?

Marcelo   Eso es triunfar
de su vida y sus despojos.
¡Ah, pensamientos villanos!
Pues por darme más enojos
con anillos en las manos
me queréis sacar los ojos.
    Ya confirmo tu maldad.
Ponedle en una cadena,
que pienso que es caridad
quitar una vida ajena
de virtud.

Diego   Llegad, llegad;
que como perro rabioso
os desharé entre los dientes.

Sancho   Loco se finge, furioso.

Marcelo   Son embustes no accidentes.

Domingo   Tú eres perro, yo soy oso.
            Defendámonos, señor.

Marcelo   Si es cobarde el que es traidor,
sabrás defenderte tarde
que eres traidor y cobarde.

Domingo   ¿Tal oigo?

Sancho   Es justo rigor.
         Asidle bien.

Diego   ¡Ah, villanos!
         ¿Sabéis que soy quien merezco
         respeto de vuestras manos?

Marcelo   Llevadlos.

Domingo   Cuervo parezco
         combatido de milanos.
             ¡Mal hay tu necio amor!

Diego   Dame a mi esposa, tirano.

Marcelo   Dame a mi hija, traidor.

(Métenlos dentro.)

Sancho   Dame a besarte la mano
         por reverencia y favor.

Leonor   Yo la diera, mas no quiero
         que la mano y voluntad
         partas con el forastero.

Sancho   De un favor di la mitad,
         y tú se lo diste entero.

Leonor   Habla a mi padre, porque
         sepa quién eres.

Sancho   No quiero
                    hasta examinar tu fe.

Leonor   ¿Qué temes?

Sancho   Al forastero.

Leonor   Tú te enojas y él se fue.

(Vanse. Quedan Leonor y Marcelo. Salen Arsino, labrador, con Lisarda, herra-
da en el rostro, en hábito de esclavo y escrito en la cara, «Esclavo de Dios».)

Arsino   Tu crueldad ha sido rara.

Lisarda   No quiero ser conocido.
                    Estando así se repara
                    un yerro que he cometido
                    con los hierros de mi cara.
                       Un vida errada y loca
                    he vivido en edad poca,
                    y tendré salud segura
                    si al modo de calentura
                    me sale el yerro a la boca.

Arsino   No es posible conocerte
                    que tan cruel has estado,
                    y te has herrado de suerte
                    que el rostro has desfigurado
                    como suele hacer la muerte.

Lisarda   Llega pues.

Arsino   Tendré obediencia.

Lisarda (Aparte.)   (No me deis a conocer,
mi Dios, y haré penitencia.)

Arsino   En efecto vengo a ser
el Judas de tu inocencia.
      Mi señor, tan pobre vengo
de pleitar la hacienda
de unos hijos que mantengo
que me es forzoso que venda
este esclavillo que tengo.
      Yo os lo venderé barato
y os holgaréis del contrato;
que aunque el hierro es excesivo
ni es ladrón ni es fugitivo,
que es humilde y de buen trato.

Leonor   El rostro tiene labrado
de hierros, por vida mía,
que el alma me ha lastimado.

Marcelo   Algunas cosas haría
que son dignas de este estado.

Arsino   No está así porque fue malo,
mas porque malo no sea;
que a un hombre de bien le igualo.

Leonor   Cómpralo, porque se vea
sin esta cadena.

Marcelo   Dalo
con fianzas, que es mejor.

Arsino   Me excusa de eso el valor.

Marcelo

Pues, ¿en cuánto le darás?

Arsino

En treinta escudos, no más.

Marcelo

¿Qué es tu nombre?

Lisarda

                    Pecador.

Marcelo

    Estimado en poco estás;
poco, Pecador, valdrás.

Lisarda

Si este precio valió un justo,
siendo quien era, es injusto
que un pecador valga más.

Marcelo

    El esclavillo es discreto.

Leonor

¿Por qué te han herrado? Di.

Lisarda

Por lo yerros que cometo.

Leonor

Luego, ¿mal has sido?

Lisarda

                        Sí.

Leonor

¿Y ya?

Lisarda

        No serlo prometo.

Leonor

    ¿Qué seguridad tendrás?

Lisarda

El mejorarme de dueño.

Leonor   ¿Huiste?

Lisarda   Una vez, no más.

Leonor   ¿Fuiste ladrón?

Lisarda   No pequeño.

Leonor   ¿Has de serlo ya?

Lisarda   Jamás.

Leonor   Humilde es; que su delito
                          nos confiesa a ambos a dos.

Marcelo   ¿Qué tiene en la cara escrito?

Leonor   Levanta. «Esclavo de Dios».

Marcelo   Dueño tiene infinito.
                             Don temor te compraré
                          si eres de Dios.

Lisarda   Lo seré
                          si me compras.

Marcelo   Luego, ¿has sido
                          de otro?

Lisarda   Quien libre ha vivido
                          esclavo de Dios no fue.

Leonor   ¿Qué sabrás hacer?

Lisarda   Sufrir,
      obedecer y callar.

Marcelo   Tres partes son del vivir.

Beatriz   ¿Sabrás traer agua?

Lisarda   A faltar
      la haré a mis ojos salir.

Marcelo   Mío el esclavillo es.
      ¿Qué haces?

Lisarda   Besar tus pies.

Marcelo   Levanta.

Lisarda   Pasa por cima.

Leonor   Grande humildad.

Beatriz   Me lastima.

Leonor   Pecador, veme después.

(Vanse. Salen don Gil y los dos esclavos.)

Gil   En los márgenes de flores
      de estos arroyuelos claros
      que ceban grillo de cristal
      a los pies de robles altos
      me parece que esperemos
      que el Sol sus ardientes rayos
      templa, bordando las nubes

de arreboles nacarados.

Esclavo I   ¿Vienes cansado?

Gil   Me cansan
las acciones del pecado,
no el gusto de cometerle;
que en éste siento descanso.
Tres labradores he muerto,
dos mujeres he forzado,
salteé diez pasajeros,
y he aprendido dos encantos;
soy discípulo en efecto
de buen maestro, y esclavo
de buen señor que a la vida
me enseña caminos anchos.

Esclavo II   Gente pasa.

Gil   Aunque el hurtar
no es agora necesario,
tiene fuerza la costumbre
nacida de tantos actos.

(Salen el Príncipe y don Rodrigo.)

Príncipe   En esas verdes alfombras
que suelen servir de estrados
a los rústicos pastores,
pueden pacer los caballos
mientras con curso ligero
camina el Sol al ocaso
haciendo grandes las sombras.

Gil   Mayor es vuestro cuidado.
          ¿Qué gente?

Príncipe   De paz.

Gil   ¿De dónde
       venís los dos caminando?

Príncipe   ¿Qué os importa?

Gil   Soy amigo
       de saber, y lo soy tanto
       que siendo ignorante libre,
       quiero saber siendo esclavo.

Príncipe   Pues de aquesta mi jornada
       brevemente os diré el caso.
       En la ciudad de Coímbra
       vive un canónigo santo
       que es un vaso de elección
       como otro divino Pablo.
       Don Gil Núñez de Atoguía
       se llama, y aficionado
       a la grande relación
       de su vida y sus milagros
       quise venir de Lisboa
       solo con este criado
       a visitarle, y en esto
       fui devoto y desdichado;
       porque llegando a Coímbra,
       en lágrimas desatados,
       hallé los ojos del vulgo,
       porque era común el llanto,
       y es la causa que don Gil

hoy ha sido arrebatado
como fue el profeta Elías
en otro encendido carro,
o a estrechar su penitencia
del mundo se ha retirado;
que en efecto no parece.
¡Suceso adverso y extraño!
Desconsolado me vuelvo
a Lisboa, donde aguardo
saber de él para cumplir
esta devoción que traigo.

Gil

Si a don Gil hablar pretendes,
le hallarás hecho ermitaño
de una vida extraordinaria
entre esos altos peñascos.

Príncipe

Deja que por esa nueva
baje a besarte las manos;
dime dónde, que en albricias
esta cadena te mando.

Gil

Es ajena.

Príncipe

     ¿Cómo? Es mía.

Gil

Derechos son de este paso.
No te espante, y oye atento
los milagros de ese santo.
Huye del favor del cielo
perdiendo el bautismo sacro;
roba a todos los que pasan
y mata a muchos robados.
Mujeres fuerza y desea

juntamente.

Príncipe   ¡Calla, falso!
No ofendes su santidad.

Gil   Pues con él estás hablando.
No te engañes; que en el mundo
es de fe que ha de haber santos;
pero solo Dios penetra
los corazones humanos.
Muchos derribó Fortuna:
Pompeyo, César y Mario,
Claudio, Marcelo, Tarquino,
Mitrídates, Belisario.
Otros levantó la misma:
Ciro, Artaxerxes, Viriato,
Dario, Scila, Tamorlán,
Primislao y Cincinato.
Unos bajan y otros suben
de estados humildes y altos;
lo mismo en los santos pasa
si no están santificados.
Unos tienen el principio
gran virtud; mas un pecado
los derriba; y otros son justos
que al principio fueron malos.
En Salomón y en Orígenes
tenemos ejemplos raros.
Ambos sabios y ambos justos
y al fin idolatraron.
De los otros son ejemplo
Magdalena, Dimas, Pablo,
y otros muchos. No te espantes
de verme a mí derribado.

Muchos milagros hicieron
que después se condenaron,
y otros grandes pecadores
hicieron después milagros.
Hasta morir no hay seguro
en aqueste mundo estado
porque solo Dios conoce
los que están predestinados.
Un pecado llama a muchos,
porque es cobarde, y en dando
puerta al uno, está por tierra
el edificio más alto.
Perdí la gracia de Dios,
Él me soltó de su mano,
y al fin en aqueste monte
prendo, robo, fuerzo y mato.
De santo no quiero nombre.
Publica este desengaño,
y porque lo jures, deja
la cadena y los caballos.

Príncipe   ¿Es posible? ¿Éste es don Gil?

Rodrigo   Señal da.

Príncipe   ¡Qué extraño caso!
                  Mira, don Gil.

Gil   No prediques.

Príncipe   Confuso estoy y turbado.

Gil   Deje la cadena o muera,
                  y váyanse paseando;

que los caballos me importan.

Príncipe   ¡Que es posible!

Gil   Calla.

Príncipe   Callo.
            Don Rodrigo, ¿éste es sueño?

Rodrigo   Es prodigio extraordinario.

(Vanse el Príncipe y don Rodrigo.)

Gil   Dices bien; que es prodigioso
            un pecador obstinado.
            Llevad los caballos luego
            entre estas peñas, y en tanto
            divertiré una tristeza
            en las flores de estos prados.

(Vanse los esclavos, y sale Angelio que es el demonio.)

Angelio   No tengas melancolía.
            ¿Por qué con lágrimas bañas
            el rostro? ¿No soy tu dueño?
            ¿Qué te aflige? ¿Qué te falta?
            Buen amo soy; de dos mundos
            soy señor y Dios me llama
            grande príncipe en su iglesia;
            que así mi poder le iguala.
            Desde la región del fuego
            hasta la esfera del agua
            el corazón de la tierra
            mi mano pródiga abraza.

Yo penetro con la vista
las avarientas entrañas
de la tierra, de tesoros
y de hombres muertos preñada.
Si acaso estas soledades
melancolizan y cansan
y te pide el apetito
comunicar gentes varias,
no te arrepientas, no lloren
los ojos que me idolatran,
y te llevaré a que mores
en ciudad extraordinaria.
Pintarla quiero, el pincel
es mi lengua, mis palabras
serán las varias colores
y tus orejas la tabla.
Pudiera, don Gil, pintarte
la ciudad que fue mi patria
de quien salí desterrado
por siglos y edades largas.
No te ofrezco esta ciudad;
que para mí está muy alta.
Ésta te ofrezco que tengo
cual si fuera imaginada.
La grandeza de París,
de Zaragoza las casas,
y las calles de Florencia
con igualdad limpias y anchas,
cielo y suelo de Madrid,
vega y huertas de Granada,
rica lonja de Sevilla,
de Játiva fuentes claras,
los jardines de Valencia,
escuelas de Salamanca,

y de Nápoles las vistas
que alegran el gusto y alma,
de Lisboa el ancho río
que cuando el tributo paga
al mar, parece que llega
no tributo mas batalla,
de Valladolid la rica
las salidas porque agradan
diversamente a los ojos,
prado, campos, montes y agua,
el gobierno de Venecia,
de Moscovia las murallas,
solo faltarán los templos
que hay en la corte romana.
Aquí al modo de Castilla
toros traerán de Jarama,
y en caballos andaluces
verás mil juegos de cañas.
Los banquetes y saraos
serán al uso de Italia,
los torneos al de Flandes,
los juegos al de Alemania,
escaramuzas al uso
de la nación africana,
músicas de Portugal,
gallardas justas de Francia,
luchas, carreras al modo
de la griega edad pasada,
y en los públicos teatros
verás comedias de España.
Tendrán las damas que trates
la habla de sevillanas,
los rostros de granadinas,
ingenios de toledana,

los talles de aragonesas,
los vestidos y las galas
serán al uso moderno
de la corte castellana.
El pan te dará Sevilla,
las ásperas Alpujarras
la caza y fruta escogida,
y los vinos Ribadavia,
pescado Laredo y Adra,
y si extranjero le quieres,
vino te dará Calabria,
peces Licia, fruta Lecia,
pan Boecia, carne Arcadia,
sabrosas aves Fenicia,
bella miel la Transilvania.
No te faltarán riquezas,
oro te dará Dalmacia,
brocado y telas Epiro,
y Tiro púrpura y grana.
A medida del deseo
poder tengo y mano franca;
no te pese de servirme
ni te dé cuidado el alma.

Gil   No quiero, dueño y maestro
cuya ciencia al mundo espanta,
repúblicas de Catón
en la idea fabricadas.
No quiero, no, la riquezas
de que el mundo ofrece parias
a soberbias majestades
de la gente idolatradas;
que entre relevados pinos
que son rústicas guirnaldas

de las ásperas cabezas
de estas soberbias montañas,
aprendo ciencias gustosas
y a costa de los que pasan
gozo diversos regalos
con la vida alegre y ancha.
Doncellas fuerzo, hombres mato,
niego a Dios, huyo su gracia,
y si el deleite me anima
infiernos no me acobardan.
Solo quiero que me cumplas
una liberal palabra,
condición de la escritura
en tu favor otorgada.
Amo a Leonor, sufro y peno,
viviendo con esperanzas
que me convierten las horas
en siglos y edades largas.

Angelio   Como obligado me tienes,
prevenido en eso estaba
y a pesar de su virtud
traigo a Leonor conquistada.
De su casa la he traído;
el monte pisan sus plantas,
con quien están compitiendo
limpia nieve y fina grana.
Vuelve los ojos y mira
el raro Fénix de Arabia
y el encendido planeta
que alumbra en la esfera cuarta.
Reverencia su hermosura,
esta imagen idolatra
a cuyas aras es justo

(Sale Leonor.)

que sacrifiques el alma.
Llega, habla, goza, gusta.
¿Qué tiemblas? ¿Qué te desmayas?
Tuya es Leonor. No te admires.
Goza, gusta, llega y habla.

Gil

Hermoso dueño del mundo,
que tienes tiranizadas
las almas con tu hermosura,
que ya da vida, ya mata,
en hora dichosa vengas,
huésped de nuestras montañas,
prisión de los albedríos
de cuantas miran tu cara.
Parece que triste vienes
a ser de estos montes alba,
mensajera de ti misma
que eres el Sol que se aguarda.
Muda estás, Leonor, responde
si mis regalos te agradan,
con ánimo generoso
te mostraré manos francas.
Ven conmigo a aquesta cueva.
Será con tu gloria honrada.

(Aparte.)

Dame la mano. (¿Es posible
que he de gozar de esta dama?)

(Vanse y queda Angelio.)

Angelio

Sale a la plaza el toro de Jarama
como furia cruel de los infiernos;
tiemblan los hombres porque son no eternos,
cuál huye, cuál en alto se encarama;
herido el toro en cólera se inflama,

mármoles rompe como vidrios tiernos;
hombres de bulto le echan a los cuernos
y allí quiebra su furia, bufa y brama.
    Soberbia fiera soy. Nada perdono;
tres partes derribé de las estrellas
para que al coso de este mundo bajen.
    Heridas tengo y por vengarme de ellas,
coger no puedo a Dios porque están en trono
y me vengo en el hombre que es su imagen.

(Sale don Gil abrazado con una muerte, cubierta con un manto.)

Gil   Quiero, divina Leonor,
                     pues que merezco gozar
                     de estos regalos de Amor,
                     tener luz para juzgar
                     de tus partes el valor.
                        No es bien que tanta ventura
                     se goce en la cueva oscura;
                     aunque, a ser águila yo,
                     viera los rayos que dio
                     este Sol de tu hermosura.
                        ¡Dichoso yo que he gozado
                     tal ángel! ¡Jesús! ¿Qué veo?

(Descúbrela y luego se hunde.)

Angelio   ¡Cómo es propio del pecado
                     parecerle al hombre feo,
                     después que está ejecutado!

Gil   Sombra infernal, visión fuerte,
                     ¿a quién el alma perdida
                     le pagan de aquesta suerte?

¡Gustos al fin de esta vida
que todos paran en muerte!
    ¡Qué bien un sabio ha llamado
la hermosura cosa incierta,
flor del campo, bien prestado,
tumba de huesos cubierta
con un paños de brocado!
    ¿Yo no gocé a Leonor?
¿Qué es de su hermoso valor?
Pero marchitóse luego
porque es el pecado fuego
y la hermosura una flor.
    Alma perdida, ¿qué sientes?
Dios solo a sus allegados
da los bienes existentes,
el mundo los da prestados
pero el demonio aparentes.
    ¿No te espanta? ¿No te admira?
¿No te causa confusión?
Contempla estos gustos, mira
que no solo breves son
pero que son de mentira.

(Habla desde adentro una voz.)

Voz   ¡Hombre! ¡Ah, hombre pecador!
Tu vida me da molestia.
Muda la vida.

Gil   Señor,
¿Hombre llamáis a una bestia?
¿Vida llamáis a un error?
    Voces en el aire oí.
Sin duda es Dios con quien hablo.

Libradme, Señor, de mí.
Seré en buscaros un Pablo
si Pedro en negaros fui.

Angelio   Don Gil, ¿qué intentos son ésos?

Gil   Hasme engañado.

Angelio   No hay tal.

Gil   Testigos son los sucesos
pues que di un alma inmortal
por unos pálidos huesos.
    Mujer fue la prometida,
la que me diste es fingida,
humo, sombra, nada, muerte.

Angelio   ¿Y cuándo no es de esa suerte
el regalo de esta vida?
    No tienen más existencia
los gustos que el mundo ha dado;
solo está la diferencia
que tú corriste al pecado
el velo de la experiencia.
    Verdadero bien jamás
dieron el mundo y abismo,
y así engañado no estás
pues que te di aquello mismo
que doy siempre a los demás.
    En la mujer que más siente
belleza y salud constante,
hay seguro solamente
de vida un pequeño instante
y este instante es el presente.

Siendo pues de esta manera,
lo mismo podré decir
que fue su gloria ligera
un instante antes que muera
u otro después de morir.
      Cautivo estás, la escritura
tengo firme. Porque al cabo
verás en la sepultura
de qué señor fuiste esclavo,
mira mi propia figura.

(Vuélvese una tramoya, aparece un figura de demonio, y disparando cohetes y arcabuces se va Angelio.)

Gil   Santo Dios, con razón temo
la pena de mi locura,
pues siendo Tú, Dios Supremo,
extremo de la hermosura,
te dejé por otro extremo.
      Libre me vi, siendo tuyo;
cautivo soy, siendo suyo.
Y en la visión que mostró
no solo he visto que yo
esclavo soy, pero cúyo.
      Ser tu igual ha pretendido
y hoy, aunque está derribado,
el mismo intento ha tenido;
que es ya mortal su pecado
porque no está arrepentido.
      Pero este aspecto mostró,
porque si el alma temió,
diga que es Dios en poder;
y aunque le empiezo a temer,
eso no lo diré yo.

Su potestad negaré;
que solo de Ti la alcanza
y yo, cuando Te dejé,
nunca perdí la esperanza
aunque he negado la fe.
    La caridad me faltó
teniendo tal dueño yo.
Mis obras son maliciosas
pues hice todas las cosas
que cuyo soy me mandó.
    Si eres, Señor, el ollero
que la escritura nos dice,
vaso tuyo fui primero,
y aunque pedazos me hice,
volver a tus manos quiero.
    Has de nuevo un vaso tuyo,
que ya de este dueño huyo;
porque es tan malo, y tan feo
que me es fuerza, si le veo,
que no diga que soy suyo.
    Justamente me recelo;
que, estando libre en mí mismo,
a Dios negué con mal celo,
a la Virgen, al bautismo,
fe, iglesia, santos y cielo.
    Intercesor no me queda.
Dios airado me acobarda.
¿Quién hay que ampararme pueda?
Solo el ángel de mi guarda
no he negado. Él interceda.

(Pónese de rodillas.)   Ángeles, cuya hermosura
no alcanzó humana criatura,
vencer sabéis, rescatadme;
de esta esclavitud sacadme;

borrad aquella escritura.

(Desaparece la visión, suenan trompetas, aparece una batalla arriba, entre un ángel y el demonio en sus tramoyas, y desaparecen.)

De alegres lágrimas llenos
los ojos, el bien me halla,
porque en los aires serenos
se dan por mí otra batalla
ángeles malos y buenos.
    Coro de criaturas bellas,
vencer sabes; que no es sola
esta vez la que atropellas
el dragón que con la cola
derribó tantas estrellas.

(Sale un Ángel o dos triunfando al son de la música, con un papel.)

Ángel   Don Gil, vencimos los dos;
tomas la cédula vos.

Gil   Con ella mi dicha entablo,
esclavo he sido del diablo
pero ya lo soy de Dios.
    El alma alegre le adora,
porque tanto la ha querido
que habiendo sido traidor,
dos veces la ha redimido;
una en la cruz y otra agora.
    Comerme quiero el papel
que al mismo infierno me iguala.
Entre en este pecho infiel;
que si no hay cosa tan mala
bien estará dentro de él.

                    Pues la suma omnipotencia
            del cielo, te ha rescatado,
            vive, Gil, con advertencia,
            pues asombró tu pecado,
            asombre tu penitencia.

(Vanse. Salen Lisarda con su cadena y Riselo dándole empellones.)

Riselo   Baste ya la hipocresía.
            ¡Toda la noche rezando!
            Esclavo, estará buscando
            qué hurtar antes del día.
                En esta torre le encierro
            lo que de la noche queda
            porque huirse no pueda.
            Rece y azótese el perro.
                Éntrese dentro; que así
            yo dormiré con sosiego.
            Requerir quiero a don Diego,
            aunque seguro está aquí.
                Como Marcelo me ha dado
            el esclavo y la prisión
            a mi cargo, es gran razón
            andar con este cuidado.

(Vase Riselo.)

Lisarda   Estos golpes me alegraron.
            Dadme trabajos a priesa,
            mi Dios, pues solo me pesa
            que a cinco mil no llegaron.
                De nadie soy conocida
            como el rostro me ha quemado
            el mucho Sol que me ha dado

en los montes, distraída,
　　o pienso que estos defectos
causa en mi rostro el pecado;
que como el alma ha mudado
mudó también los efectos!

(Salen don Diego y Domingo con prisiones.)

Diego　　　　　　　¿Si es de día?

Domingo　　　　　　　　　　¿Si de mí
entender eso procuras?
En estas cuevas oscuras
toda la vista perdí.
　　En el Limbo estoy, ¡por Dios!,
cual sin bautismo y pecado.

Diego　　　　　　Yo en un infierno abrasado.

Domingo　　　　　Vecinos somos los dos.

(Suena la cadena de Lisarda.)

　　　　　　　　¡Jesús! De alguna cadena
fue aquel extraño ruido.

Diego　　　　　　¿Qué será?

Domingo　　　　　　　　　El alma habrá sido
de Lisarda que anda en pena.
　　Sin duda aquí la mataron,
y como te amaba tanto
se condenó.

Lisarda   ¡Ay!

Diego   ¡Qué espanto
esos suspiros causaron!

Domingo   Habla paso. Ten sosiego.

Lisarda   ¡Ay, desdichada Lisarda!
¡Qué tribunal que te aguarda!
¡Qué mal hiciste, don Diego!

Domingo   ¿Has escuchado?

Diego   ¡Ella es!
¡Y de mí se queja!

Lisarda   ¡Ay triste!
¿Por qué tanto mal me hiciste?
Tú has de pagarlo después.

Diego   Alto. Mi fin es llegado.
Marcelo me ha de matar
pues dice que he de pagar
el haberla yo adorado.
    Temblando estoy. ¡Oh, quién fuera
escolar conjurador!

Lisarda   Sufre y calla, pecador
antes que tu cuerpo muera.

Diego   Domingo, ¿tan malo soy?
¿Tanto peco?

Domingo   Sí, has pecado

en haberme a mí enredado
en las penas en que estoy.

Diego   Éntrate al otro aposento
donde estábamos los dos.

(Suena la cadena de don Diego.)

Lisarda   ¡Qué extraño rumor, ay Dios!
Presagios son de tormento.

Diego   Hablarla quiero. Lisarda,
mi inocencia me disculpa;
que en tu mal no tuve culpa.

Lisarda   Aquesta voz me acobarda.
 ¡Jesús! Don Diego parece.
¿Si es don Diego?

Diego   Tu perdón
espero en esta ocasión.

Lisarda   Esta alma triste le ofrece.

Diego   Tu padre ha sido cruel
conmigo de aquesta suerte.

Lisarda   Él, sin duda, le dio muerte
por vengarse de mí y de él.

Diego   Sin culpa estoy, pues podía
llevarte a mi casa yo,
y la ocasión me quitó
don Gil Núñez de Atoguía.

En la noche desdichada
y última que me hablaste,
en la cual dices quedaste
engañada y deshonrada,
    me predicó de manera
subiendo yo a tu balcón,
que me trocó la intención.
Fuime al fin. ¡Nunca me fuera!
    Mira lo que has menester,
Lisarda, y dame lugar
que me vaya a reposar.

Lisarda   Presto nos podremos ver
                    en la otra vida.

Diego   ¿No oíste
                 pronosticarme la muerte?
                 Triste voy.

Domingo   Yo voy de suerte
                 que hiedo de puro triste.

(Vanse los dos y queda Lisarda.)

Lisarda   Basta que estaba inocente
                 don Diego, y fue desdichado,
                 pues que la muerte le han dado
                 por mi culpa solamente.
                    Si suelen tanto, Señor,
                 matar dolor y cuidado,
                 máteme a mí del pecado
                 el cuidado y el dolor.
                    Hacedme que sienta tanto
                 el haberos ofendido

que en lágrimas derretido
dé el corazón a mi llanto.
  Ciegue de mucho llorar,
muera de mucho dolor.

(Sale Riselo.)

Riselo Ya es de día, Pecador,
alto, al campo a trabajar.

Lisarda Vamos, compañero amado,
digo a vos, amado hierro.

Riselo ¡Qué a espacio se mueve el perro!
Vaya pues, harto ha llorado.
(Vase Lisarda.) ¡Ah, don Diego de Meneses!

(Salen don Diego y Domingo.)

Diego ¿Quién me llama?

Riselo En este día
morirás.

Diego Ya lo sabía
antes que tú lo dijeses.

Riselo Está prevenido pues,
que quiere vengar Marcelo
sus dos hijos.

Diego Sabe el cielo
que mi culpa de uno es
  y ya estaba perdonado.

Domingo   Dios se lo perdone, amén.
               Diga, ¿morirá también
               un Domingo desdichado?

Riselo   No un domingo; hoy sí, que es jueves,
               morirán ambos a dos.

Domingo   ¡Malas nuevas te dé Dios;
               que en pago de aquéstas lleves!

(Vanse. Salen el Príncipe y don Rodrigo.)

Príncipe   Enamorado vuelvo a aquesta aldea.
               No me aconsejes, don Rodrigo.

Rodrigo   ¿Quieres
               obligarte a casar y dar cuidado
               a tu padre y el reino?

Príncipe   Si es mi prima
               y la fama pregona sus virtudes,
               ¿qué mucho que con ella me despose?

Rodrigo   Sin voluntad del rey, no es acertado.

Príncipe   Secreto puede estar hasta su tiempo.

Rodrigo   Marcelo es éste, ¿piensas descubrirte?

Príncipe   Puede ser que de miedo de mi padre
               no se atreva a casarme con su hija,
               y así tengo elegido otro camino.
(Sale Marcelo.)   El cielo os guarde, ilustre y generoso

Marcelo. Aquesta carta de don Sancho
el príncipe mirad.

Marcelo   Seáis bienvenido.

Príncipe   ¿Conocisteis la firma de su alteza?

Marcelo   Muchas veces la vi.

(Lee la carta.)   «Amigo y pariente:
Don Sancho es el que lleva aquesta carta.
Tratadle como a mí; que su persona
estimo en mucho, y dadle vuestra hija
y nunca os pesará del casamiento.
El príncipe don Sancho.»
                             ¿Sois don Sancho
de Portugal, señor?

Príncipe   De ello estad cierto.
(Aparte.)   (Su rey de Portugal soy, y don Sancho.)
Aquí estuve otra vez, y no he venido
a hablaros hasta aquí.

Marcelo   Fue grande agravio,
y eslo también valeros de esta carta
del príncipe, si estaba yo esperando
por momentos serviros yo en mi casa
donde casaros con Leonor espero
ya que Lisarda, la mayor, es muerta.

Príncipe   La historia supe ya.

Marcelo   El traidor marido
pretendo castigar, pues soy justicia

en mi tierra y señor.

Príncipe   Yo sé que el príncipe
                   y el rey lo aprobarán.

Marcelo   Entrad en casa.
                   Descansaréis, señor, mientras prevengo
                   a Leonor.

Príncipe   Es el ángel que yo adoro.

(Vanse el Príncipe y don Rodrigo.)

Marcelo   Bien manifiesta ser ilustre y noble
                   y el príncipe nos honra con su carta.
                   Hija Leonor, don Sancho es ya venido.

(Salen Leonor y Beatriz.)

                   Vista te tiene ya, porque encubierto
                   ha estado. Ya me habló, y luego pretendo
                   desposarte. Prevén lo necesario.

Leonor   Ya supe yo, señor, que era venido;
                   verme sin duda disfrazado quiso.

Marcelo   Ése es un acto de persona cuerda.
                   Espera, le traeré porque le veas.

(Vanse. Salen don Sancho y Fabio. Queda Leonor.)

Sancho   Ya vengo, mi Leonor, determinado
                   a que tu ilustre padre me conozca.

Leonor

Ya sabe como están en esta aldea
y quiere desposarnos.

Sancho

                              Soy dichoso.

Leonor

Dime, ¿quién era aquél con quien la banda
partiste?

Sancho

                    Es un truhán, un embustero,
que fingiendo ser rey, príncipe o duque

(Aparte.)

hace burlas. (El príncipe ha tornado.
Celos me abrasan.)

Leonor

                          ¿Cómo respetaste
su persona?

Sancho

                    De miedo no hiciese
algunas burlas o quién soy dijese.

(Salen el Príncipe, Marcelo y don Rodrigo.)

Marcelo

          Venga el tirano homicida
de mis hijos, porque muera.
Será vigilia su muerte
de una alegre y grande fiesta.
Misericordia y justicia
tendré si de esta manera
desposo una hija viva
y venga una hija muerta.
Tú, generoso don Sancho,
que mis noblezas heredas,
llega a conocer tu esposa
si a estimar mi casa llegas.
Habla a don Sancho, Leonor.

Éste es el hombre que esperan
mis ojos, para el descanso
de esta edad cansada y vieja.

Príncipe   Dadme, señora, las manos.

Sancho (Aparte.) (Amor, a muerte me ordenas.)

Leonor   Pues, ¿también, como en los campos,
te burlas en las aldeas?
Ya he sabido tus engaños.
Tus gracias conozco, llenas
de mentiras y de enredos.

Príncipe   ¿Qué dices, Leonor discreta?
O estás necia o engañada.

Marcelo   Habla a don Sancho.

Sancho (Aparte.)   (Él intenta
desposarse con Leonor.
El cielo me dé paciencia.)

Leonor   Señor, don Sancho es aquéste;
que no es don Sancho el que piensas.

Sancho   Don Sancho de Portugal
humilde los pies te besa.

Fabio (Aparte.)   (Triunfo ha salido de Sanchos
y todos lo son de veras;
mas del príncipe no sé
qué fin en esto pretenda.)

Príncipe   Don Sancho de Portugal
                  como a suegro te respeta.

Leonor   Mira que éste es un truhán
                  que hacernos burlas desea.

Sancho   ¿Por qué me quieres quitar
                  la gloria, el ser, la nobleza?
                  Si es burla, basta, señor,
                  si es amor, tu amor refrena.
                  Ya sabes que te conozco
                  y si te casas con ella
                  no te casas con tu igual.
                  A mí que lo soy, la deja.
                  Mira, señor, que a adorarla
                  me han forzado las estrellas.

Leonor (Aparte.) (Si es truhán, ¿cómo le habla
                  con tan grande reverencia?)

Marcelo   Confuso estoy, ¿qué es aquesto?

Príncipe   No es posible bien la quieras
                  si quieres quitarla a un reino.
                  Yo la adoro. Ten paciencia.

(Entra Riselo.)

Riselo   Señor, a la posta [vienen]
                  a darte unas tristes nuevas.
                  El rey, tu padre, murió
                  y todo el reino te espera;
                  que ya tu ausencia ha sabido
                  y a buscarte agora entran

para llevarte, señor.

Príncipe   Llevarles pienso una reina.
Marcelo, dame los brazos
si no es que acaso los niegas
porque encubrí mi persona.
Tu rey soy. ¿Qué dudas? Llega.

Sancho   Yo soy, señor, el primero
que ha de darte la obediencia.
Perdona que amor y celos
hicieron errar mi lengua.

Marcelo   Mi príncipe y mi señor,
no te espante que no crea
mi ventura.

Príncipe   Vuestro yerno
pienso ser.

Marcelo   Gran dicha es ésta.
Honrar quieres esta casa.
Sea muy en hora buena.
Hija obediente y dichosa,
dale la mano a su alteza.

Leonor   Si una hija desdichada
te dio el cielo, es bien que tengas
otra dichosa.

(Dale la mano Leonor al Príncipe.)

Marcelo   En ti he visto
mi bendición manifiesta.

Riselo   Aquí está don Diego.

Príncipe   Es justo
                     que pague tantas ofensas,
                     que a no ser propias y graves
                     perdonárselas pudiera.

(Salen don Gil con un saco de penitencia, una soga a la garganta y don Diego
y Domingo.)

Gil   Príncipe de Portugal,
                     que dichoso reino heredas
                     por muerte del rey Alfonso
                     tu padre que en gloria sea,
                     Marcelo noble y Leonor
                     que virtudes te hacen reina,
                     dadle esta muerte a don Gil.
                     No es bien que don Diego muera.
                     A vuestra casa y al cielo
                     ofendí como una bestia
                     sin razón; que de este nombre
                     es digno el hombre que peca.
                     El más grave pecador
                     que ha conocido la tierra
                     he sido, pero confío
                     en Dios y en mi penitencia.
                     Esclavo fui del demonio
                     a quien serví en esas sierras
                     haciendo torpes delitos,
                     forzando muchas doncellas.
                     Soberbio fui, soy humilde,
                     y con esta diferencia
                     soy tan pequeño que el cielo

sus secretos me revela.
Lisarda fue inobediente;
mas ya es tanta su obediencia
que es esclava de su padre
y Dios la tiene encubierta.
Su dolor ha sido tanto
que hoy de dolor quedó muerta
llorando la grave culpa
de quien merezco la pena.
La causa fui de su daño,
no es don Diego como piensan;
que como digo ha vivido
entre estos montes y peñas.
Perdonada está de Dios.
Su dolor la tiene absuelta.
María la pecadora
la llamad, tal nombre tenga.
Elevado está su cuerpo
en las murtas de esa huerta.
De la penitencia santa,
el alma a los cielos vuela,
y avergonzada la mía
públicamente confiesa
sus culpas, que Dios me manda
me acuse en público de ellas.
Y ya de Domingo santo
blanca saya y capa negra
me está esperando; que quiero
que asombre mi penitencia.
A voces diré mis culpas
y en la religión primera
de España quiero que el mundo
trocada mi vida vea.

(Vase don Gil.)

Príncipe   Don Gil, escucha, detente,
                  aguarda don Gil, espera...
                  ¡Caso extraño!

Leonor   Estoy confusa.

Marcelo   ¿Si está mi Lisarda muerta?

(Descúbrese Lisarda con música, muerta, de rodillas con un Cristo y una
calavera, en un jardín.)

                  Verdad dijo, ¡santos cielos!
                  Más hermosa y más perfecta
                  está que en vida.

Leonor   Y no tiene
                  los clavos y las cadenas.

Marcelo   Mi maldición te alcanzó;
                  mas, si Dios así te trueca,
                  maldición dichosa ha sido.
                  Viva don Diego y no muera.

Domingo   Hoy hago cuenta que nazco
                  con todas mis barbas negras.

Diego   Merecen estos sucesos
                  una admiración eterna.

Príncipe   Dése a Lisarda sepulcro
                  y vaya la nueva reina
                  a su corte, dando fin

a esta historia verdadera.

(Cubren a Lisarda o llévanla en hombros. Vanse todos.)

Fin de la comedia

Libros a la carta

A la carta es un servicio especializado para

empresas,

librerías,

bibliotecas,

editoriales

y centros de enseñanza;

y permite confeccionar libros que, por su formato y concepción, sirven a los propósitos más específicos de estas instituciones.

Las empresas nos encargan ediciones personalizadas para marketing editorial o para regalos institucionales. Y los interesados solicitan, a título personal, ediciones antiguas, o no disponibles en el mercado; y las acompañan con notas y comentarios críticos.

Las ediciones tienen como apoyo un libro de estilo con todo tipo de referencias sobre los criterios de tratamiento tipográfico aplicados a nuestros libros que puede ser consultado en Linkgua-ediciones.com.

Linkgua edita por encargo diferentes versiones de una misma obra con distintos tratamientos ortotipográficos (actualizaciones de carácter divulgativo de un clásico, o versiones estrictamente fieles a la edición original de referencia). Este servicio de ediciones a la carta le permitirá, si usted se dedica a la enseñanza, tener una forma de hacer pública su interpretación de un texto y, sobre una versión digitalizada «base», usted podrá introducir interpretaciones del texto fuente. Es un tópico que los profesores denuncien en clase los desmanes de una edición, o vayan comentando errores de interpretación de un texto y esta es una solución útil a esa necesidad del mundo académico.

Asimismo publicamos de manera sistemática, en un mismo catálogo, tesis doctorales y actas de congresos académicos, que son distribuidas a través de nuestra Web.

El servicio de «libros a la carta» funciona de dos formas.

1. Tenemos un fondo de libros digitalizados que usted puede personalizar en tiradas de al menos cinco ejemplares. Estas personalizaciones pueden ser de todo tipo: añadir notas de clase para uso de un grupo de estudiantes, introducir logos corporativos para uso con fines de marketing empresarial, etc. etc.

2. Buscamos libros descatalogados de otras editoriales y los reeditamos en tiradas cortas a petición de un cliente.